Welsh Folk Dance Recollections

Atgofion Dawnsio Gwerin Cymreig

Welsh Folk Dance Recollections

Atgofion Dawnsio Gwerin Cymreig

Mavis Williams-Roberts

y lolfa

I would like to dedicate this book to all the
hardworking dancers, and musicians I met on my dancing journey

Hoffen gyflwyno'r llyfr yma i'r dawnswyr sy'n gweithio
mor galed, ac i'r cerddorion wnes i gyfarfod ar fy siwrnai dawnsio

First impression: 2024

© Copyright Mavis Williams-Roberts and Y Lolfa Cyf., 2024

The contents of this book are subject to copyright, and may not be reproduced by any means, mechanical or electronic, without the prior, written consent of the publishers.

Cover photograph: Mavis at Llangollen International Eisteddfod, 1964

ISBN: 978-1-80099-574-1

Published and printed in Wales
on paper from well-maintained forests by
Y Lolfa Cyf., Talybont, Ceredigion SY24 5HE
website www.ylolfa.com
e-mail ylolfa@ylolfa.com
tel 01970 832 304

Contents

Cynnwys

Foreword

My earliest memories are of dancing – weaving through different sets of legs at a twmpath trying to find my parents, and then getting scooped up into the dance! My brother and I were extremely lucky to grow up surrounded by talented musicians and dancers who cared about keeping the Welsh folk traditions alive. When Mum said she was writing a book to collate the dances she had choreographed, together with the stories behind them and her recollections and thoughts on Welsh folk dancing, I was completely delighted.

I was born into a world of Welsh folk dance. While I was just a bump, Mum was still dancing and clogging, and apparently the first time I sat up as a baby was to look over the side of my pram to see someone clogging! I remember trips to festivals, competitions and society weekend courses. As a child I wasn't really aware of the contribution my mother was making to Welsh folk dance, it was just something going on around me and involving me, and I so loved being a part of.

I remember watching Mum using tokens on the dining table while choreographing her own dances or working out figures from a new dance she would be teaching. When I say tokens, they might include the salt cellar, pepper pot, and anything else of a suitable size to hand! Inspiration would come to Mum in dreams or even when soaking in the bath. If she hit an artistic block, we would say to her, 'Go and have a bath!'

As I grew up I became more aware of the wealth of experience and knowledge my mum had accumulated, in part shaped by other influential dancers and musicians she had met or worked with, but also built from her own observations and hard work. She was also building quite a body of work through the dances she was choreographing. As an adult, I was once at a non-dance related conference in Cardiff, and

Rhagymadrodd

ATGOFION AM DDAWNSIO yw'r rhai cynharaf sydd gennyf – gwau trwy wahanol setiau o goesau mewn twmpath wrth geisio dod o hyd i fy rhieni, ac yna cael fy sgubo i mewn i'r ddawns! Roedd fy mrawd a minnau'n hynod ffodus i dyfu i fyny wedi'n hamgylchynu gan gerddorion a dawnswyr dawnus; yr oedd cadw'r traddodiadau gwerin Cymreig yn fyw yn bwysig iawn iddynt. Pan ddywedodd Mam ei bod yn ysgrifennu llyfr i goladu'r dawnsiau roedd hi wedi'u coreograffu, ynghyd â'r straeon y tu ôl iddynt a'i hatgofion a'i meddyliau am ddawnsio gwerin Cymreig, roeddwn wrth fy modd.

Cefais fy ngeni i fyd y ddawns werin Gymreig. Tra oeddwn i'n ddim ond yn flaguryn yn y groth, roedd Mam yn dal i ddawnsio a chlocsio ac mae'n debyg mai'r tro cyntaf i mi eistedd i fyny fel babi oedd i edrych dros ochr fy mhram i weld rhywun yn clocsio! Rwy'n cofio teithiau i wyliau, cystadlaethau a chyrsiau penwythnos y gymdeithas. Fel plentyn doeddwn i ddim mewn gwirionedd yn ymwybodol o'r cyfraniad roedd Mam yn ei wneud i ddawnsio gwerin Cymru, dim ond rhywbeth oedd yn digwydd o'm cwmpas i ac yn fy nghynnwys i oedd e, ac roeddwn wrth fy modd yn bod yn rhan ohono.

Rwy'n cofio gwylio Mam yn defnyddio gwrthrychau ar fwrdd yr ystafell fwyta wrth goreograffu ei dawnsiau ei hun neu weithio allan ffigyrau o ddawns newydd y byddai'n ei dysgu. Pan rwy'n dweud gwrthrychau, efallai y byddent yn cynnwys y seler halen, pot pupur, ac unrhyw beth arall o faint addas oedd wrth law! Byddai ysbrydoliaeth yn dod i Mam mewn breuddwydion neu wrth fwynhau gorwedd mewn bath cynnes. Pe bai hi'n mynd yn nos arni wrth geisio meddwl am rywbeth newydd, byddem yn aml yn dweud wrthi, 'Ewch i gael bath!'

Wrth i mi dyfu i fyny des i'n fwy ymwybodol o'r cyfoeth o brofiad a gwybodaeth roedd fy mam wedi'i gronni, yn rhannol wedi'u siapio gan ddawnswyr a cherddorion dylanwadol eraill yr oedd hi wedi cwrdd

was chatting to someone in the lunch queue. We got onto the subject of Welsh folk dance and I mentioned who my mum was, 'Not *the* Mavis Williams!' was the response!

I love that this book captures a little bit of the rich tapestry of knowledge and creativity in Mum's head and I hope it will go on to inspire the next generation of dancers.

Nia Lowe
March 2024

Mavis and her two children, Nia and William, Day of Dance, National Botanic Garden of Wales, 2000

Mavis gyda'i merch, Nia, a'i mab, William, Diwrnod Dawns, Gardd Fotaneg Genedlaethol Cymru, 2000

â nhw neu wedi gweithio gyda nhw, ond hefyd wedi'u hadeiladu o'i harsylwadau a'i gwaith caled ei hun. Roedd hi hefyd yn adeiladu cryn gorff o waith trwy'r dawnsiau roedd hi'n eu coreograffu. Fel oedolyn, roeddwn mewn cynhadledd nad oedd a wnelo hi â dawns yng Nghaerdydd un tro, ac yn sgwrsio â rhywun yn y ciw cinio. Dechreuom drafod dawnsio gwerin Cymru a soniais pwy oedd fy mam, 'Nid *Y* Mavis Williams!' oedd ei hymateb!

Rwyf wrth fy modd fod y llyfr hwn yn llwyddo i ddal ychydig bach o'r tapestri cyfoethog o wybodaeth a chreadigedd sydd ym mhen Mam, a gobeithio y bydd yn profi'n ysbrydoliaeth i'r genhedlaeth nesaf o ddawnswyr.

Nia Lowe
Mawrth 2024

Introduction

This book began as a collection of Welsh folk dances that I have composed over many years. Some were composed for competitions at the National Eisteddfod, some for celebrations of the Welsh Folk Dance Society (WFDS), while others were dedicated to dear dancing friends. Compiling the dances for this book, however, triggered many memories from almost sixty years of Welsh folk dancing.

I first took part in Welsh folk dancing in 1960 as a fresher student at University College of Wales, Swansea. I joined Parti Prifysgol Abertawe, the college's Welsh folk dance team, which was part of the college's Welsh Society. They took part in many a Noson Ddifyr (merry evening) and they competed in folk dance competitions at the Inter-collegiate Eisteddfod, the National Eisteddfod, and at the Llangollen International Eisteddfod. Through these activities I was introduced to a culture which was outside my experience, having been brought up in 'Little England beyond Wales', namely Tenby in south Pembrokeshire. Growing up in this long-Anglicised part of Wales, I had no connection with or understanding of the Welsh language, the culture or the heritage of Wales.

The WFDS was only eleven years old when I first became aware of Welsh folk dancing. By this time many of the traditional Welsh folk dances had been lost or almost forgotten in the mists of time, and considerable research was being undertaken to recover and revive them. I was totally unaware at the time of how close we, as a nation, were to losing them for ever. However, through diverse means and the efforts of many people, little by little these dances came to light. A few were recollections voiced or noted by individuals, others were found in old letters, manuscripts and publications. We are deeply indebted to those dedicated people who cared enough about our

Rhagarweiniad

DECHREUODD Y LLYFR hwn fel casgliad o ddawnsiau gwerin Cymru a gyfansoddais dros gyfnod o nifer o flynyddoedd. Cyfansoddwyd rhai ohonynt ar gyfer cystadlaethau'r Eisteddfod Genedlaethol, eraill ar gyfer dathliadau arbennig Cymdeithas Ddawns Werin Cymru, tra bod eraill yn gyflwynedig i ffrindiau annwyl ein byd dawnsio gwerin. Serch hynny, wrth dynnu'r dawnsiau at ei gilydd ar gyfer y gyfrol hon, deffrowyd atgofion lu o dros drigain mlynedd o ddawnsio gwerin.

Des i gysylltiad â dawnsio gwerin am y tro cyntaf fel glasfyfyrwraig yng Ngholeg y Brifysgol, Abertawe, yn 1960. Ymunais â Pharti Prifysgol Abertawe, sef tîm dawnsio gwerin y brifysgol a oedd hefyd yn rhan o Gymdeithas Gymraeg y coleg. Bydden nhw'n cymryd rhan mewn aml i noson lawen ac yn cystadlu'n gyson yng nghystadlaethau dawnsio gwerin yr Eisteddfod Rhyngolegol, yr Eisteddfod Genedlaethol yn ogystal ag Eisteddfod Ryngwladol Llangollen. Drwy'r gweithgareddau hyn fe'm cyflwynwyd i ddiwylliant a oedd y tu hwnt i'm profiadau personol cynt, gan i mi gael fy ngeni a'm magu yn Ninbych-y-Pysgod, mewn sir sy'n cael ei hadnabod yn gyffredinol fel 'little England beyond Wales'. Wrth dyfu i fyny yn yr amgylchfyd Seisnigaidd hwn, doedd dim cysylltiad na dealltwriaeth gennyf o'r iaith Gymraeg nac ychwaith â diwylliant ac etifeddiaeth Cymru.

Doedd Cymdeithas Ddawns Werin Cymru (CDdWC) ddim ond yn un ar ddeg mlwydd oed pan ddes i gyntaf yn ymwybodol o ddawnsio gwerin yng Nghymru. Erbyn y cyfnod hwn, roedd dawnsiau traddodiadol Cymru bron wedi diflannu ac roedd cryn ymchwil yn digwydd i geisio eu hadfer. Roeddwn yn gwbl ddiddirnad o ba mor agos oeddem, fel cenedl, i'w colli yn gyfangwbl. Ond o dipyn i beth, drwy ymdrechion diwyd nifer o bobl, daeth y dawnsiau hyn i weld golau dydd unwaith eto. Cofnodwyd rhai ohonynt wrth i unigolion

culture and heritage to uncover, interpret and preserve these dances for future generations to enjoy and cherish.

I would like to share with you some memories of the people who taught and influenced me and, in time, inspired me to write my own collection of dances. The complete collection will be published separately. Little by little, the dances are appearing in the repertoire of Welsh folk dance groups in Australia, Russia and Patagonia. I hope that this ripple will continue to spread.

So many people have been involved in the rescue and preservation of our lovely traditional dances, some I knew personally and some I did not. Unfortunately, space does not permit me to tell all of their stories. It is not my intention here to provide a detailed history of either the development of Welsh folk dancing or the principal players in its revival – these are well documented elsewhere. My simple aim is to touch on these well-remembered characters, acknowledge their contribution, and to pique your interest and encourage you to find out more. The historical notes are included as a guide to help you understand the provenance of these beautiful Welsh folk dances.

Mavis Williams-Roberts
August 2024

adrodd eu hatgofion amdanynt a daethpwyd o hyd i eraill mewn hen lythyron, llawysgrifau a chyhoeddiadau. Rydym yn ddyledus iawn i'r bobl ymroddgar hynny a oedd yn gwerthfawrogi ein diwylliant gymaint nes iddynt fynd ati i chwilio am y dawnsiau hyn, eu dehnogli a'u rhoi ar gof a chadw i genedlaethau'r dyfodol eu mwynhau a'u trysori.

Hoffwn rannu gyda chi ambell atgof am y bobl hynny a'm dysgodd i, a fu'n gymaint o ddylanwad arnaf ac yn wir, a'm hysgogodd, ymhen amser, i gyfansoddi fy nghasgliad o ddawnsiau. Bydd y casgliad llawn yn cael ei gyhoeddi mewn llyfryn ar wahân. Bob yn dipyn, mae'r dawnsiau hyn yn ymddangos yn *repertoire* grwpiau dawnsio gwerin Cymru yn Awstralia, Rwsia a Phatagonia. Gobeithiaf y bydd y don fach hon yn parhau i ymledu.

Mae cymaint o bobl wedi bod ynghlwm â'r broses o adfywio a diogleu ein dawnsiau traddodiadol hyfryd – rhai yr oeddwn yn eu hadnabod yn bersonol, eraill na ches i'r fraint o'u hadnabod. Yn anffodus, nid yw'r gofod presennol yn caniatáu i mi adrodd hanes pob un ohonynt. Nid bwriad y llyfr hwn yw olrhain hanes datblygiad dawnsio gwerin yng Nghymru, nac ychwaith manylu ar y cymeriadau hynny a fu mor arwyddocaol yn eu hadferiad – cofnodwyd hynny yn fanwl iawn mewn nifer o gyfrolau eraill. Fy unig fwriad yw cydnabod cyfraniad y cymeriadau adnabyddus hynny a chyfeirio atynt wrth fynd heibio, fel petai, gan obeithio deffro'ch diddordeb a'ch sbarduno i wybod mwy! Rwy i wedi cynnwys nodiadau hanesyddol i'ch helpu i ddeall tarddiad y dawnsiau gwerin hyfryd hyn.

Mavis Williams-Roberts
Awst 2024

CHAPTER 1

Giants of Welsh Folk Dancing

THE FOLLOWING PAGES will provide you with an insight to the contribution of those I think of as 'giants' of Welsh folk dancing. Some were founder members of the Welsh Folk Dance Society. Others, in their own way, had a profound influence on the revival of Welsh folk dancing and the early development of the society. In particular, I would like to tell you about Löis Blake, Gwennant Gillespie, Austen Goodman, Alice E Williams, Jessie Williams, Margretta Thomas and her daughter Dr Ceinwen Thomas, and Pat Shaw.

Löis Blake (1890–1974)

Löis

One name stands out above the rest
Although I did not know her best
She whirled me round, and then some more
With head inclined towards the floor
Her feet held secrets I would come to know
Eighty years as light as falling snow.
She opened the door and in we poured
With feet tap tapping and hearts that soared.

Mavis Williams-Roberts
(reflections on first dancing with Löis Blake)

Pennod 1

Cewri Dawnsio Gwerin Cymru

Bydd y tudalennau nesaf yn cynnig mewnwelediad i chi i gyfraniad y rheini rwy'n eu hystyried yn 'gewri' dawnsio gwerin Cymru. Roedd rhai yn sylfaenwyr cyntaf Cymdeithas Ddawns Werin Cymru. Cafodd eraill, yn eu ffordd unigryw eu hunain, ddylanwad sylweddol iawn ar adfywiad dawnsio gwerin yng Nghymru a datblygiad cynnar y gymdeithas. Yn benodol, hoffwn sôn wrthych am Löis Blake, Gwennant Gillespie, Austin Goodman, Alice Williams, Jessie Williams. Margretta Thomas a'i merch, Dr Ceinwen Thomas, a'r unigryw Pat Shaw.

Löis Blake 1890-1974

Löis

One name stands out above the rest
Although I did not know her best
She whirled me round, and then some more
With head inclined towards the floor
Her feet held secrets I would come to know
Eighty years, as light as falling snow.
She opened the door and in we poured
With feet tap tapping and hearts that soared.

Mavis Williams Roberts
(adfyfyrion dawnsio gyda Löis Blake am y tro cyntaf)

Photo / Llun: Welsh Folk Dance Society / Cymdeithas Ddawns Werin Cymru

Löis Blake was the founder and first president of the Welsh Folk Dance Society. She was born in Streatham, London. Well-educated and well-travelled, she came to live in Wales in the 1930s. Here she became a prime mover in the search for lost Welsh folk dances.

Alice E Williams, in her booklet, *A Welsh Folk Dancing Handbook*,[1] writes: 'The Welsh Nation can truly pay homage to a miracle in the person of Mrs Löis Blake... for her pioneering researching and reviving work.'

But what was Löis like?

She was forthright, talented, brave and humorous. During the First World War Löis served in Russia and experienced for herself the bitterly cold winters. She worked as a cook, nurse and as an ambulance driver on the battlefields. In peacetime, her interests were varied. She was a good artist and was very familiar with the world of folk music and culture.

I met her a few times in her later years. The first time was at a weekend dance course run by the WFDS, where she invited me to dance. Expecting a gentle trot around the floor, she surprised me with her strength and energy. On another occasion, at the studio of TWW (Television Wales and the West), I was rehearsing the dance 'Gŵyl Ifan' with a group of students from University College of Wales, Swansea. Löis came to inspect us before the programme was recorded. We had reached the final section of the dance when we heard a loud voice from the back of the studio exclaim, 'What do they think they are doing?' Löis did not approve of the protracted ending that we had practised!

We had learned the dance from the 1954 publication *Three Nantgarw*

Löis Blake oedd sylfaenydd a llywydd cyntaf CDdWC. Ganed hi yn Streatham, Llundain. Derbyniodd addysg dda a theithiodd cryn dipyn ar draws Ewrop cyn dod i fyw i Gymru yn y 1930au. Yma, daeth hi'n un o brif ysgogwyr yr ymchwil i ddawnsiau gwerin coll Cymru.

Yn ei llyfryn, *Llawlyfr Dawnsio Gwerin Cymru*[1] dywed Alice E Williams: 'Testun diolch di-ddiwedd i ni fel cenedl fu'r wyrth ym mherson y diweddar Mrs Löis Blake... ei gwaith arloesi, ymchwil ac adfer a erys yn gyfraniad unigryw a chlodwiw.'

Ond sut un oedd Löis felly?

Roedd hi'n dalentog, yn ddiflewyn-ar-dafod, yn ddewr ac yn llawn hiwmor. Yn ystod y Rhyfel Byd Cyntaf bu'n gwasanaethu yn Rwsia. Gweithiodd fel nyrs, cogyddes a gyrrwr ambiwlans ar faes y gad a hynny drwy un o'r gaeafau oeraf erioed. Ar adeg o heddwch roedd ei diddordebau yn amrywiol iawn. Roedd hi'n artist dawnus ac roedd byd cerddoriaeth a diwylliant gwerin yn gyfarwydd iawn iddi.

Cyfarfûm â hi sawl tro yn yn ystod ei blynyddoedd hŷn. Y tro cyntaf oedd ar un o gyrsiau dawns penwythnos CDdWC, pan estynodd wahoddiad i mi i ddawnsio. Derbyniais yn frwd gan ddisgwyl symud yn hamddenol braf o gwmpas yr ystafell, ond ces fy synnu gan ei chryfder a'i hegni. Ar achysur arall roeddwn yn stiwdio deledu yr hen TWW – Television Wales and the West – ac yng nghanol ymarfer y ddawns 'Gŵyl Ifan' gyda grŵp o fyfyrwyr o Goleg y Brifysgol, Abertawe, pan ddaeth Löis i fwrw golwg arnom cyn y darllediad. Wrth i'r dawnswyr gyrraedd rhan olaf y ddawns, daeth llais uchel o gefn y stiwdio yn holi 'What do they think they are doing?' Doedd Löis ddim yn cytuno gyda'r diweddglo estynedig roeddem wedi ei ymarfer!

Roeddem wedi dysgu'r ddawns o'r llyfryn *Three Nantgarw Dances*[2] a gyhoeddwyd yn 1954. Bwriad y cyhoeddiad hwnnw oedd gwneud atgofion Mrs Margretta Thomas (1889–1972), Nantgarw, o'r dawnsiau a welodd, ar gael i bawb. Mae'n cynnwys y disgrifiad byr isod o'r ddawns 'Gŵyl Ifan' fel y cofiai Margretta ei thad yn ei ddisgrifio iddi pan oedd hi'n blentyn:

> Ar ddiwedd y ddawns hon, a gynyddai i gyflymdra gwyllt, deuai'r gerddoriaeth i ben yn sydyn a safai'r merched yn dirgrynu a chydio eu

Dances.[2] That publication was aimed at making the dance memories of Mrs Margretta Thomas (1889–1972), of Nantgarw, accessible to all. It includes the following brief description of 'Gŵyl Ifan' that Margretta remembers her father relating to her when she was a child:

> At the end of this dance, which worked up to a break-neck speed, the music stopped suddenly, and the women stood quivering, their hands clasped on their breasts. The music continued slowly, and the women curtseyed low, while the men, dancing on the spot held their hands clasped above their partners' heads. The men slowly lowered their hands and raised their partners, kissing them heartily on both cheeks.

Löis was clearly not impressed with our efforts at interpretation!

So how did this talented Englishwoman become the first president of the WFDS?

In 1930 she moved with her family to Llangwm, a small village near Corwen. She took part in many local activities and taught folk dancing at the village school. Her daughter Felicity recalled her mother teaching the children to dance around the Maypole on May Day.[3] Soon after moving to Llangwm, Löis became aware that Welsh gypsies had preserved many old Welsh dance tunes, along with some of the stepping. This revelation fired her enthusiasm to discover more about dancing in Wales. She already had extensive knowledge of European folk dancing and of the search for English folk music and dance that had led to the founding of the English Folk Dance and Song Society in 1911.

Löis began an intensive search for Welsh folk dances in libraries and museums and through her many personal contacts. She found social dances from the seventeenth and eighteenth centuries in the dance manuals of music publishers John Playford the Elder (1623–1686), his son Henry (1657–1706) and John Walsh (1666–1736). Some of these dances had Welsh names and tunes, and therefore caught her interest. These were social dances, popular with the upper classes who would have been very familiar with the figures. In villages, however, on special occasions, some of the older traditional dances were retained.

dwylo ar eu dwyfron. Ail ddechreuai'r miwsig yn araf a'r merched yn crymu'n isel tua'r llawr, tra bo'r dynion yn dawnsio yn yr unfan, yn dal eu dwylo ynghlwm uwch pen eu cymar. Gostynga[i]'r dynion eu dwylo a chodi eu cymar a rhoi clamp o gusan swnllyd ar bob grudd.

Yn amlwg nid oedd Löis wedi ei chyfareddu gan ein dehongliad o'r darlun hwnnw!

Ond sut ddaeth y Saesnes dalentog hon yn llywydd cyntaf CDdWC?

Yn 1930 symudodd Löis Blake a'i theulu i fyw i Langwm, pentref bychan yn ymyl Corwen. Ymunodd yn frwd gyda llawer o weithgareddau lleol a bu'n dysgu dawnsio gwerin yn ysgol y pentref. Mae ei merch, Felicity, yn cofio ei mam yn dysgu'r plant i ddawnsio o gwmpas y Fedwen Haf ar Galan Mai.[3] Yn fuan wedi symud i Langwm, daeth Löis yn ymwybodol bod y sipsiwn Cymreig wedi cadw a diogelu nifer o hen alawon dawns, yn ogystal â pheth o'r 'stepio' oedd yn perthyn iddynt. Taniodd y wybodaeth honno ei brwdfrydedd i ddarganfod mwy am ddawnsio gwerin yng Nghymru. Roedd ganddi eisoes gorff helaeth o wybodaeth am ddawnsio gwerin Ewropeaidd. Gwyddai hefyd am yr ymchwilio eang am gerddoriaeth a dawnsiau gwerin Saesneg – gweithgarwch a arweiniodd at sefydlu Cymdeithas Ddawns a Chân Werin Lloegr yn 1911.

Dechreuodd Löis ymchwilio'n ddwys am ddawnsiau gwerin Cymru mewn llyfrgelloedd, amgueddfeydd a thrwy ei chysylltiadau personol niferus. Daeth o hyd i ddawnsiau cymdeithasol o'r 17g a'r 18g yn llawlyfrau dawns y cyhoeddwr cerddoriaeth, John Playford (1623–1686), ei fab Henry Playford (1657–1706) yn ogystal ag yng ngweithiau John Walsh (1666–1736). Roedd enwau Cymraeg ar rai o'r dawnsiau a'r alawon hynny, ac o ganlyniad roeddent o ddiddordeb mawr iddi. Dawnsiau cymdeithasol oedd y rhain, yn boblogaidd gyda'r dosbarth cymdeithasol uwch a'r boneddigion, a fyddai'n gyfarwydd iawn â'r patrymau. Yn y pentrefi, ar y llaw arall, ac ar achlysuron arbennig, cadwyd at rai o'r hen ddawnsiau traddodiadol. Yn anffodus, erbyn canol y 19g roedd hyd yn oed y dawnsiau hynny yn gyflym fynd i ebargofiant.

Sadly, by the mid nineteenth century, even these dances were rapidly dying out.

The First World War led to great changes in society. Many young men did not return, and small rural communities were particularly devastated by their loss. Things would never be quite the same again. Between the two world wars there was time to look around and realise that much-loved customs and traditions were disappearing. Löis was just in time to collect the living memories of some of these old customs and dances. However, I run ahead.

During her research Löis became familiar with the work of Augusta Waddington Hall, the Lady Llanover (1802–1896), an ardent supporter of the Welsh language and culture.[4,5] She was also aware of the work done by Hugh Mellor on the south Wales folk dances. A publisher and collector of dances and dance tunes, in 1935 he published his book *Welsh Folk Dances*.[6] This book was often referred to in Welsh folk dance circles as 'The Yellow Peril', due to the colour of its cover but also to the contentious nature of some of his interpretations.

Löis also came to know Ruth, Lady Herbert Lewis, Plas Tenutha, Caerwys. She herself took great interest in folk music, songs and dance and was very supportive of Löis' research. Indeed, it was Lady Herbert Lewis who gave Löis the details of the Welsh Morris dance 'Cadi Ha'.

Through her research Löis came into contact with the publisher WS Gwynn Williams, Llangollen. Together they formed a partnership to research and publish the dances they found. WS Gwynn had already published *Welsh National Music and Dance*.[7] Included in this publication were details of dances from Llangadfan, Montgomeryshire. Around this time letters from William Jones (1929–1975),[8] a cultured, yet radical local farmer, to his friend Edward Jones, Bardd y Brenin (The King's Bard), came to light at the National Library of Wales, Aberystwyth. Edward was in London at the time, preparing his book *Musical and poetical relics of the Welsh Bards*[9] and, we presume, was interested in collecting old tunes and dances. William's descriptions are very detailed although he professes not to be a dancer! He refers to the intricacy of the dances and explains how to perform the figures. The notes record three

Daeth y Rhyfel Byd Cyntaf â newidiadau cymdeithasol sylweddol yn ei sgil. Bu farw cymaint o fechgyn yn y Rhyfel Mawr a theimlwyd eu colli yn ddirfawr, yn enwedig mewn cymunedau gwledig, bychain. Fyddai pethau byth yr un fath eto. Rhwng y ddau ryfel byd daeth cyfle i fyfyrio ar fywyd a sylweddoli bod nifer o'n hen arferion traddodiadol hoff yn dechrau diflannu. Roedd Löis wedi cyrraedd mewn union bryd i gasglu atgofion byw am rai o'r hen arferion a'r dawnsiau hynny. Ond rwy'n rhoi'r cart o flaen y ceffyl!

Trwy ei gwaith ymchwil daeth Löis yn ymwybodol o waith Augusta Waddington Hall, Arglwyddes Llanofer (1802–1896), cefnogwraig frwd yr iaith Gymraeg a diwylliant Cymru.[4,5] Roedd Löis hefyd yn ymwybodol o waith Hugh Mellor ar ddawnsiau gwerin de Cymru. Roedd yntau'n gyhoeddwr ac yn gasglwr dawnsiau ac alawon dawns. Cyhoeddoedd ei gyfrol *Welsh Folk Dances*[6] yn 1935. Cyfeirir at y gyfrol hon yn aml ym myd dawnsio gwerin Cymru fel 'The Yellow Peril' oherwydd lliw y clawr ond hefyd oherwydd natur ddadleuol rhai o'i ddehongliadau.

Daeth Löis hefyd i adnabod y Foneddiges Herbert Lewis, Plas Tenutha, Caerwys. Roedd ganddi hithau hefyd ddiddordeb mawr mewn cerddoriaeth, caneuon a dawnsiau gwerin a bu'n gefnogol iawn i waith ymchwil Löis. Yn wir, gan y Foneddiges Herbert Lewis y cafodd Löis fanylion y ddawns Morris Gymreig 'Cadi Ha'.

Daeth ei gwaith ymchwil â Löis i gysylltiad â'r cyhoeddwr, WS Gwynn Williams, Llangollen. Gyda'i gilydd ffurfiodd y ddau bartneriaeth waith gyda'r bwriad o gyd-ymchwilio a chyhoeddi'r dawnsiau y byddent yn dod o hyd iddynt. Roedd Gwynn (WS) eisoes wedi cyhoeddi'r gyfrol *Welsh National Music and Dance*.[7] Roedd y cyhoeddiad hwnnw yn cynnwys manylion dawnsiau Llangadfan, Sir Drefaldwyn. Tua'r adeg honno hefyd daeth llythyron William Jones (1929–1975),[8] ffermwr diwylliedig a radicalaidd lleol, at ei ffrind Edward Jones, Bardd y Brenin, i'r golwg yn y Llyfrgell Genedlaethol yn Aberystwyth. Roedd yntau yn Llundain yn paratoi'r gyfrol *Musical and Poetical Relics of the Welsh Bards*[9] ar y pryd, a gellid tybio y byddai ganddo ddiddordeb mewn casglu hen alawon a dawnsiau. Mae disgrifiadau William Jones yn fanwl iawn er ei fod yn haeru'n gryf nad yw'n ddawnsiwr! Cyfeiria at gywreinrwydd y dawnsiau ac mae'n esbonio sut i berfformio'r ffigyrau. Mae'r nodiadau yn cofnodi tair dawns, sef 'Y Bibddawns Loerig' ('The Roaring Hornpipe') 'Ali Grogan' a 'Talpiau Pwdin', gydag

dances, namely 'The Roaring Hornpipe', 'Aly Grogan' and 'Lumps of Pudding', each with a 'Round O' at the end. In 1954 Gwynn and Löis Blake arranged and published a version of these three dances that also included William Jones' original descriptions and 'technical terms', which differ from more modern terms. It is interesting to note that William Jones suggested that these dances may have been performed a century earlier and were beginning to die out.

Gwynn and Löis published *Welsh Morris and other Country Dances* in 1938. This was followed by *Welch Whim* in 1948. An article in *Dawns 2014/15*[10] by Robin Gwyndaf, describes in detail Löis' life and work with the WFDS.

Although there had been an attempt, twenty years earlier, to establish a Welsh Folk Dance Society, it did not succeed. It was left to Löis and Gwynn to revive the dream which had to wait until after the Second World War to become reality. In fact, it was at an historic meeting, in Shrewsbury in July 1949, that the society was established. The society went forward from strength to strength, ably supported by Urdd Gobaith Cymru (the Welsh-language movement for young people, which had been founded in 1922).

Gwennant Gillespie (1910–2013)

Gwennant Gillespie, née Davies, a senior organiser with the Urdd in the 1940s, was Löis Blake's first contact at the movement. During the Christmas holiday of 1948, Gwennant invited Löis to introduce Welsh folk dancing to a group of Urdd staff at their course for Urdd leaders at Pantyfedwen, a mansion in Borth, Ceredigion. It would seem that this introduction was very well received as, following the course, there was a great upsurge of interest in Welsh folk dancing. Twmpathau, consisting of Welsh social/barn dances to live music, became increasingly popular. Local aelwydydd (Welsh-language youth clubs sponsored by the Urdd) also began to form their own dance teams.

As a young woman I went to one of the last WFDS folk dance courses held at Pantyfedwen. Courses were subsequently held at the various Welsh university colleges. It was at Pantyfedwen, however, that I first learned about the importance of wearing the correct shoes to

'O gron' ar ddiwedd pob un. Yn 1954 trefnodd a chyhoeddodd Gwynn a Löis fersiwn o'r tair dawns a oedd hefyd yn cynnwys disgrifiadau a 'thermau technegol' William Jones, sy'n wahanol i rai termau cyfoes. Diddorol yw nodi fod William Jones yn awgrymu i'r dawnsiau hyn gael eu perfformio ganrif ynghynt a'u bod eisoes wedi dechrau mynd yn angof.

Cyhoeddodd Gwynn a Löis y llyfryn *Welsh Morris and other Country Dances* yn 1938. Deng mlynedd yn ddiweddarach, yn 1948, cyhoeddodd y ddau'r ddawns *Welsh Whim*. Mewn erthygl yn *Dawns 2014/15*[10] mae Robin Gwyndaf yn rhoi disgrifiad manwl iawn o fywyd Löis a'i gwaith gyda CDdWC.

Er y bu ymgais i sefydlu Cymdeithas Ddawnsio Gwerin ugain mlynedd ynghynt, ni fu'n llwyddiannus. Bu'n rhaid aros tan i Löis a Gwynn atgyfodi'r freuddwyd honno, ac i'r Ail Ryfel Byd ddod i ben, cyn medru ei gwireddu. Yn wir, sefydlwyd y gymdeithas mewn cyfarfod hanesyddol yn yr Amwything ym mis Gorffennaf 1949. Wedi hynny, aeth y gymdeithas o nerth i nerth gyda chefnogaeth barod yr Urdd a gyflwynodd ddawnsio gwerin Cymru i'w haelodau ifanc.

Gwennant Gillespie (1910-2013)

Daeth Löis Blake i gysylltiad gyda'r Urdd gyntaf drwy Gwennant Gillespie (Davies gynt) a oedd yn uwch-drefnydd gyda'r mudiad ar y pryd. Yn ystod gwyliau'r Nadolig 1948 gofynnodd Gwennant i Löis gyflwyno dawnsio gwerin Cymru i grŵp o staff yr Urdd ar eu cwrs arweinyddion ym Mhantyfedwen, Y Borth. Mae'n amlwg y bu croeso mawr i'r cyflwyniad hwn ac yn ei sgil cododd ton o ddiddordeb yn nawnsio gwerin Cymru. Tyfodd yr arfer o gynnal 'twmpath' yn fwyfwy poblogaidd a byddai pawb yn mwynhau'r dawnsiau cymdeithasol i gyfeiliant cerddoriaeth fyw. Dechreuodd aelwydydd yr Urdd ffurfio eu timau dawnsio gwerin lleol eu hunain hefyd.

Yn fenyw ifanc, mynychais un o'r cyrsiau dawnsio gwerin olaf a drefnwyd gan CDdWC ym Mhantyfedwen. Wedi hynny cynhaliwyd y cyrsiau mewn amrywiol brifysgolion ar draws Cymru. Ond ym Mhantyfedwen y dysgais i gyntaf pa mor bwysig oedd gwisgo'r esgidiau iawn i ddawnsio! Ar y pryd roeddwn i'n gwisgo esgidiau balé, meddal, a dywedodd gŵr o'r enw Griff Jones, a oedd yn ddawnsiwr

dance. At the time I was wearing soft ballet shoes that an experienced folk dancer called Griff Jones advised me were unsuitable for Welsh folk dancing. Later, Griff and his family became firm friends. He was also an accomplished melodeon player and accompanied Tawerin, the Swansea Welsh folk dance team, to many festivals and on dance tours.

However, I digress from my memories of Gwennant. She was charming and gracious, with her black hair caught in a bun at the nape of her neck – always ready to greet you with a smile and ask about your family. I remember one occasion when I was watching Gwennant at work. She was adjudicating clog dancing in her fair and careful manner. At the time my baby daughter Nia was lying in her pram beside me, not yet able to sit up. When she heard the sound of the clogs, she suddenly grasped hold of the pram handles, and hauled herself up into a sitting position to see what was happening. Perhaps the start of her passion for dance? Gwennant derived much amusement when I later related the story to her.

I used to meet Gwennant at meetings of the WFDS executive committee, and at the society's annual courses. In addition to her work with the Urdd, she founded the Aelwyd Aberystwyth folk dance team. What a good teacher she was. The dancers were beautifully dressed in tailored Welsh costumes and were light and flawless in their dancing. Gwennant established the team in 1956 and continued teaching them until she retired in 1972, when the team was then led by two of its leading members, Lona and Glyn T Jones. Glyn, affectionately known in dance circles as Glyn T, later became a respected adjudicator of folk dance competitions at all the major eisteddfodau. It was Gwennant who instigated the biennial Urdd folk festivals held during the 1950s. She also had the ambitious idea of establishing a national Urdd folk dance team. Alice Williams, who at that time was an organiser for the Urdd, became their coach. During the fortieth anniversary celebrations of the WFDS, in 1989, Gwennant was presented with a silver medal for her immense contributions to the development of Welsh folk dancing. In his article in *Dawns 2013*,[11] Glyn T paid particular tribute to Gwennant, saying that her whole life was the embodiment of the Urdd pledge: I will be faithful to Wales, to mankind and to Christ.

profiadol ei hun, wrtha' i eu bod yn hollol anaddas i ddawnsio gwerin Cymru. Yn ddiweddarach, tyfodd Griff yn ffrind teuluol agos. Roedd e'n chwaraewr melodian dawnus a chyfeiliodd droeon i Ddawnswyr Tawerin, Abertawe, mewn gwyliau gwerin niferus yn ogystal ag ar deithiau dawnsio.

A dyma fi'n dechrau crwydro o'm hatgofion am Gwennant! Roedd hi'n ddynes ddymunol a rhadlon. Byddai bob amser yn gwisgo ei gwallt hir, du mewn cocyn tynn ar ei gwar. Roedd ganddi wên parod bob amser a byddai yn ddieithriad yn holi am hanes eich teulu. Mae gennyf un atgof clir o'i gwylio wrth ei gwaith – roedd hi'n beirniadu cystadleuaeth clocsio yn ei dull teg a gofalus arferol. Ar y pryd, roedd Nia, fy merch, yn fabi ac yn gorwedd yn ei choets yn fy ymyl gan nad oedd eto wedi dysgu sut i godi ar ei heistedd. Serch hynny, pan glywodd sŵn y clocsiau'n taro'r llawr, cydiodd yn nolenni'r goets a'i thynnu ei hun i fyny ar ei heistedd er mwyn cael gweld beth oedd yn digwydd! Efallai mai dyma lle y dechreuodd ei hangerdd hithau am ddawnsio. Achosodd y stori hon fawr ddifyrrwch i Gwennant pan adroddais yr hanes wrthi yn ddiweddarach.

Byddwn yn cyfarfod â Gwennant yng nghyfarfodydd pwyllgor gwaith CDdWC ac ar gyrsiau dawnsio blynyddol y gymdeithas. Yn ogystal â'i gwaith gyda'r Urdd sefydlodd Gwennant dîm dawnsio gwerin Aelwyd Aberystwyth – roedd hi'n athrawes heb ei hail. Byddai'r dawnswyr bob amser wedi eu gwisgo'n hynod drwsiadus, mewn gwisgoedd Cymreig wedi eu teilwra'n dda, a byddai eu dawnsio yn ysgafn ac yn gwbl ddi-wall. Sefydlodd Gwennant y parti yn 1956 a bu'n athrawes arnynt tan iddi ymddeol yn 1972. Wedi hynny cymerwyd yr awenau gan ddau o'r dawnswyr mwyaf blaenllaw, sef Lona a Glyn T Jones. Gwennant hefyd ysgogodd wyliau gwerin dwyflynyddol yr Urdd yn y 1950au. Hi hefyd sbardunodd y syniad o sefydlu tîm dawnsio gwerin cenedlaethol yr Urdd. Alice Williams, trefnydd gyda'r mudiad ar y pryd, oedd yr hyfforddwraig. Yn nathliadau pen-blwydd deugain oed CDdWC yn 1989, cyflwynwyd medal arian i Gwennant i gydnabod ei chyfraniad anferthol i ddatblygiad dawnsio gwerin yng Nghymru. Mae Glyn T Jones yn talu teyrnged arbennig iddi yn ei erthygl yn *Dawns 2013*[11] gan ddweud bod ei bywyd ar ei hyd yn ymgorfforiad o arwyddair y Urdd: Byddaf ffyddlon i Gymru, Cyd-ddyn a Christ.

Austen Goodman (died 1979/80)

Austen, an active supporter of the Corwen Dance Company, and later of the Llangollen Dancers, was a member of Löis' dance class in Corwen. He and his fellow dancers presented the 'Welsh Reel', presently referred to as 'Dawns Llanofer' or the 'Llanover Reel', and 'Rhif Wyth' (two dances from the Llanover collection), along with 'Meillionen' and 'Oswestry Square', also known as 'Clawdd Offa', at a lecture and demonstration given by Löis at the British Folk Song and Dance Festival in Edinburgh in the summer of 1948. I met Austen at WFDS executive committee meetings. I remember that people always smiled affectionately when they spoke of him. During the 1950s and early 1960s he promoted Welsh folk dancing by calling at twmpathau across Denbighshire and Merionethshire.

Alice E Williams (Alys Brynrefail, 1925–2020)

To quote Alice's own words: 'As a young teacher in the 1940s the urge to move and dance was strong.'[12]

When Alice was teaching in Penmachno she helped run the local Urdd Adran and Aelwyd. She had heard of Löis Blake and arranged to meet her one evening after work. I remember Alice telling me about an occasion when she was driving to some meeting or other in Pentrefoelas with Löis. While chatting about different dance figures, Löis suggested they stop in a layby to demonstrate a 'hey'. The only 'hey/hay' Alice knew about was the kind that you brought in at the height of summer! What she discovered that day was that a 'hey' to Löis was a 'weave' or 'figure of eight' to Alice. As there were only two of them, they used two bins already in the layby and danced around them. The mind boggles!

Alice was brought up in Brynrefail within a family familiar with Welsh folk music and culture. I have many memories of Alice telling me stories about her life. She realised that I was brought up in very Anglicised south Pembrokeshire and wanted to share her depth of knowledge of Welsh culture and traditions. I was entranced! She was a great storyteller, and throughout her life Alice always shared this precious heritage with us all. She was more than ready

Austen Goodman (marw 1979/80)

Roedd Austen yn aelod o ddosbarth dawns Löis yng Nghorwen. Roedd yn gefnogwr brwd i Gwmni Dawns Corwen, ac yn ddiweddarach i Ddawnswyr Llangollen. Yn 1948 gofynwyd i Löis draddodi darlith yng Ngŵyl Canu a Dawnsio Gwerin Prydain, yng Nghaeredin. Fel rhan o'r ddarlith honno cyflwynodd Austen a'i gyd-ddawnswyr arddangosfa o bedair dawns, sef 'Dawns Llanofer', 'Rhif Wyth' (dwy ddawns o gasgliad Llanofer), 'Meillionen' a 'Chlawdd Offa'. Byddwn yn cyfarfod Austen yn gyson mewn cyfarfodydd pwyllgor gwaith CDdWC. Yn y 1950au a'r 1960au cynnar roedd yn hyrwyddo dawnsio gwerin drwy alw mewn twmpathau ledled Sir Ddinbych a Meirionnydd.

Alice E Williams (Alys Brynrefail, 1925–2020)

A dyfynnu Alice ei hun, 'Fel athrawes ifanc yn y 1940au, roedd yr ysfa i symud a dawnsio yn gryf.'[12]

Pan roedd Alice yn athrawes ym Mhenmacho, byddai'n cynorthwyo gyda'r adran a'r aelwyd leol. Wedi clywed am Löis Blake, trefnodd i'w chyfarfod un noson ar ôl gwaith. Cofiaf yn dda Alice yn adrodd yr hanes wrthyf am un achlysur arbennig pan roedd yn gyrru Löis i Bentrefoelas i ryw gyfarfod neu'i gilydd. Roedd y ddwy'n clebran fel pwll y môr am ddawnsio pan awgrymodd Löis eu bod yn aros mewn cilfach barcio ar y ffordd er mwyn iddi ddangos i Alice beth oedd y patrwm roedd hi'n ei alw'n 'hey'. Yr unig 'hay' roedd Alice yn ymwybodol ohono, meddai, oedd hwnnw oedd yn cael ei gywain ganol haf! Ta waeth, daeth i ddeall mai 'hey' i Löis oedd 'pleth' neu 'ffigwr wyth' i Alice. Ond gan mai ond nhw ill dwy oedd ar gael, defnyddiwyd dau fin sbwriel oedd yn y gilfach yn barod, a dawnsio o'u cwmpas. Gellir dychmygu'r olygfa i'r rheini oedd yn gyrru heibio!

Magwyd Alice ym Mrynrefail, mewn teulu a oedd yn gyfarwydd iawn â diwylliant a cherddoriaeth werin Cymru. Mae gennyf atgofion lu o Alice yn adrodd straeon am ei bywyd wrthyf. Sylweddolodd i mi gael fy ngeni a'm magu mewn ardal Seisnig iawn yn ne Sir Benfro, ac roedd hi'n awyddus i rannu gyda fi gyfoeth ei gwybodaeth am ddiwylliant a thraddodiadau Cymru. Roeddwn wedi fy nghyfareddu! Roedd hi'n storïwraig heb ei hail a thrwy gydol ei bywyd rhannodd

to embrace the recovery and performance of the old Welsh folk dances.

Alice was a highly successful coach for the newly-formed Urdd National Folk Dance team during the early 1950s. There were two representatives from each county, and these were to take their folk dance experience and enthusiasm back to their home counties. The team danced at various concerts, and also competed at the national eisteddfodau. In 1957 they were invited to perform at the English Folk Dance Festival held at the Royal Albert Hall, London.

Alice was a wonderful teacher and an excellent and passionate speaker, both in English and in Welsh. By the time I met her in the 1960s she was an influential and highly respected member of the Welsh Folk Dance Society. She taught and lectured on all aspects of Welsh folk dance and regularly adjudicated dance competitions in all the major eisteddfodau. I was privileged to learn the adjudicating craft at Alice's side. I, being science-trained and new to the job, would try to establish a mark for each aspect of a team's performance. I would consider elements such as response to the music, dance technique, style and correct interpretation of the written copy. However, Alice had a different approach. She would establish an overall standard after seeing the first team and work from there. Happily, we usually arrived at the same judgement! Sometimes, especially at the Urdd Eisteddfod dance competitions, there would be a large number of teams competing. Remembering them correctly was vital and would require notes about musicians, costumes, stage craft and individual dancers.

I would regularly meet Alice at the annual society weekend dance courses and, of course, my children would be with me. When my son William was about three years old we were in Lampeter, and Alice was relaxing outside after a busy teaching session. She was charmed when William presented her with a dandelion flower and said, 'The sun shines out of every petal!' The courses were very family orientated. Someone would always look out for all the children so that the adult dancers could enjoy Alice's teaching. Many of these children, and their children, have helped to build the society. One of my daughter Nia's earliest memories is running between the legs of the dancers looking for her mummy's legs! She grew up to become a beautiful dancer with

Alice yr etifeddiaeth amhrisadwy hon gyda ni i gyd. Roedd hi'n fwy na pharod i gefnogi'r ymdrechion i adfer a pherfformio hen ddawnsiau gwerin Cymru pan ddaeth y cyfle.

Yn y 1950au roedd Alice yn hyfforddwraig hynod lwyddiannus ar dîm dawnsio gwerin cenedlaethol yr Urdd. Roedd y tîm yn cynnwys dau gynrychiolydd o bob sir a'r bwriad oedd y byddai'r aelodau hynny yn mynd â'u profiadau a'u brwdfrydedd am ddawnsio gwerin yn ôl i'w siroedd. Byddai'r tîm yn dawnsio mewn cyngherddau amrywiol yn ogystal â chystadlu yn yr Eisteddfod Genedlaethol. Yn 1957 fe'u gwahoddwyd i berfformio yng Ngŵyl Ddawnsio Gwerin Lloegr yn Neuadd Frenhinol Albert yn Llundain.

Roedd Alice yn hyfforddwraig ardderchog. Roedd hi hefyd yn siaradwraig ysgogol ac angerddol yn y Gymraeg a'r Saesneg. Erbyn i mi ei chyfarfod yn y 1960au roedd hi'n aelod dylanwadol ac uchel iawn ei pharch o GDdWC. Roedd hi'n hyfforddi ac yn darlithio ar bob agwedd o ddawnsio gwerin yng Nghymru a byddai'n beirniadu cystadlaethau dawnsio gwerin yn y prif eisteddfodau yn gyson. Yn wir, roedd yn fraint i mi allu ddysgu'r grefft o feirniadu wrth draed Alice. Gyda fy nghefndir gwyddonol ac yn newydd iawn i'r rôl, byddwn yn ceisio pennu marc ar gyfer pob elfen o berfformiad tîm dawnsio. Byddwn yn ystyried elfennau fel ymateb i'r gerddoriaeth, techneg ac arddull y dawnsio ynghyd â dehongliad cywir o'r copi ysgrifenedig. Fodd bynnag, roedd gan Alice ddull gwahanol o fynd ati! Byddai'n sefydlu safon benodol yn seiliedig ar berfformiad y tîm cyntaf fel cyfanwaith, a gweithio o hwnnw. Serch hynny, byddem yn ddieithriad yn cyrraedd yr un penderfyniad yn y diwedd! Weithiau, yn enwedig yn eisteddfodau'r Urdd, byddai nifer fawr o dimau'n cystadlu. Roedd eu cofio i gyd, yn gywir, yn allweddol, ac yn galw am nodiadau ar gerddorion, gwisg, crefft llwyfan a dawnswyr unigol.

Byddwn yn cyfarfod ag Alice yn gyson ar gyrsiau penwythnos blynyddol CDdWC ac, wrth gwrs, byddwn bob amser yn mynd â fy mhlant, Nia a William, gyda fi. Ar un achlysur, pan roedd William tua thair blwydd oed, a'r cwrs y tro hwnnw yn Llanbed, roedd Alice yn ymlacio y tu allan wedi sesiwn brysur iawn o hyfforddi. Aeth William i fyny ati a chyflwyno blodyn dant y llew iddi gan nodi 'Mae'r haul yn tywynnu o bob un o'r petalau!' Roedd hi wedi ei chyfareddu! Roedd y cyrsiau i gyd yn achlysuron teuluol a byddai bob amser

an interest in folk, ballet, flamenco and Argentine tango, in addition to having a career in electrical power engineering.

My husband John enjoys hearing stories about Alice. He first met her at one of the Pen-y-fai dance team's annual dinners and feels honoured to have been seated next to her for the meal. What a surprise he had when, as the band began to play for the twmpath, Alice turned to him and said in her familiar direct approach, 'Aren't you going to dance with me then?' Although new to folk dancing, even as a ballroom dancer John was danced off his feet!

In 1985, not satisfied with helping to re-establish Welsh folk dancing in Wales, Alice turned her attention to the Welsh societies in Australia. After spending six months there, she was inspired to produce *A Welsh Folk Dancing Handbook*.[13] The booklet, published by the WFDS, contains a bilingual glossary of dance terms, descriptions and explanations of specific dance figures and much more.

Alice worked as a publicity officer for the WFDS, bringing her vast knowledge of Wales and its people to the role. She was president of the society from 1986 to 1994, during which time she led the society through an expansive period: new teams were created, new dances composed. Alice ensured, however, that we stayed within the tradition! Her great contribution to the preservation of Welsh culture and heritage through folk dancing was further honoured by being welcomed into the white robe order of druids of the Gorsedd of Bards at the Swansea National Eisteddfod in 1982. She chose Alys Brynrefail as her Gorsedd name.

Sadly, Alice passed away in the summer of 2020, but her wise words and advice will remain with us for years to come. Everyone who has ever been involved in Welsh folk dancing in Wales, whether they realise it or not, owes a great deal to Alice.

Jessie Williams (1902–2002)

Jessie Williams was known to all as Aunty Jessie. Together with her husband Hector, they established and led the Brynmawr Folk Dancers from just three years after the WFDS was formed. Jessie continued with the team until she was a hundred years old! As a team they were very close to her heart at all times, and she cared

rhywun yn barod i edrych ar ôl y plant fel bod yr oedolion yn gallu mwynhau hyfforddiant Alice. Mae llawer o'r plant hynny, ac yn wir eu plant hwythau hefyd, wedi cyfrannu at adeiladu'r gymdeithas. Un o atgofion cynharaf fy merch Nia yw rhedeg rhwng coesau'r dawnswyr yn chwilio am goesau 'mam'! Tyfodd i fod yn ddawnswraig gelfydd ei hun gan ymddiddori mewn dawnsio balé, gwerin, flamenco a'r tango Archentaidd – tra roedd hefyd wrth gwrs yn dilyn gyrfa mewn peirianneg pwer trydanol.

Mae John, fy ngŵr, yn mwynhau clywed straeon am Alice. Cyfarfu â hi am y tro cyntaf yn un o giniawau blynyddol Dawnswyr Pen-y-Fai ac mae'n teimlo anrhydedd iddo gael ei osod i eistedd yn ei hymyl ar gyfer y pryd bwyd. Wrth i'r band ddechrau chwarae ar gyfer y twmpath, cafodd dipyn o syndod wrth i Alice droi ato yn syth a holi, 'Aren't you going to dance with me then?' Roedd yn gwbl newydd i ddawnsio gwerin ond, hyd yn oed fel dawnsiwr *ballroom*, cafodd ei 'sgubo oddi ar ei draed!

Ond doedd Alice ddim yn un i orffwys ar ei rhwyfau! Yn 1985, a hithau eisoes wedi cynorthwyo i ail-sefydlu dawnsio gwerin yng Nghymru, trodd ei sylw at y cymdeithasau Cymraeg yn Awstralia. Wedi treulio chwe mis yno fe'i hysgogwyd i ysgrifennu ei *Llawlyfr Dawnsio Gwerin Cymru.*[13] Cyhoeddwyd y llyfryn gan CDdWC ac mae'n cynnwys rhestr ddwyieithog o dermau dawns, esboniad o ffigyrau dawns penodol a chyffredin mewn dawnsiau, ynghyd â llawer iawn mwy.

Bu Alice yn swyddog cyhoeddusrwydd CDdWC a daeth â'i gwybodaeth eang am Gymru a'i phobl i'r rôl. Gwasnanethodd fel llywydd y gymdeithas o 1986 tan 1994. Yn ystod y cyfnod hwn arweiniodd y gymdeithas drwy gyfnod o ehangu a datblygu: ffurfiwyd timau newydd a chyfansoddwyd dawnsiau newydd. Serch hynny, sicrhaodd Alice ein bod yn cadw o fewn terfynau traddodiad. Anrhydedd pellach iddi oedd cael ei derbyn i urdd gwisg wen Gorsedd y Beirdd yn Eisteddfod Genedlaethol Abertawe yn 1982. Ei henw yng ngorsedd oedd Alys Brynrefail.

Er i ni golli Alice yn haf 2020, bydd ei geiriau doeth a'i chyngor cadarn yn atseinio yn y cof am flynyddoedd i ddod. Mae pawb sydd wedi bod yn rhan o weithgarwch dawnsio gwerin yng Nghymru erioed yn ddyledus iawn i Alice – p'un ai ydyn nhw'n sylweddoli hynny neu beidio.

about them all. She arranged concerts and dance tours for them and ensured the girls' black, red and white traditional Welsh flannel dance costumes were authentic and always immaculate. The girls also wore the traditional Welsh tall hats, professionally made for them, and shawls, hand-woven by Jessie herself. They featured on postcards of Wales for many years. In her declining years the team were eager to repay that kindness, generosity and care. They kept her very much involved with everything and everyone, driving her to various society events.

I first met Jessie at the society weekend folk dance courses, resplendent in her lovely red dancing shoes. Even if not the main teacher, she could not resist piping up with a helpful comment here and there – a habit so tempting for all of us who teach! On one occasion she was suffering from a detached retina but even that could not keep her from attending the dance course. Jessie would shrug off all afflictions and just keep going.

I had the honour of dancing the 'Llanover Reel' with Jessie's folk dance team at an outdoor concert at Dyffryn Gardens in the Vale of Glamorgan one summer. We had been enjoying a joint weekend with the Welsh Folk Song Society and Jessie was short of one girl for the performance and so I was roped in! I remember trying to copy the particular dancing style of the Brynmawr girls with their dainty stepping and graceful fingers holding their skirts as they danced. I might add that any of the other dancers present that day would have been able to dance all thirteen figures of the 'Llanover Reel' if required to do so. Generally, these days, most teams will only dance four to six selected figures for a performance.

In 1988, at the WFDS summer festival, Jessie received an award from the lord mayor of Blaenau Gwent for her work promoting Welsh folk dancing in the area. The Ebbw Vale Garden Festival in 1992 happily coincided with Jessie's ninetieth birthday and, true to form, she arrived in style in a large black limousine. Jessie was always able to carry off the grand gesture.

Ten years later, at her hundredth birthday, there were over fifteen sets of three dancers performing the 'Llanover Reel' on the road outside her home. She sat as the 'Presence', that is, where the harp would usually stand and the direction which the dancers would always

Jessie Williams (1902-2002)

'Anti Jessie' oedd Jessie Williams – i bawb! Sefydlodd ac arweiniodd hi a'i gŵr, Hector, Ddawnswyr Gwerin Brynmawr, prin tair blynedd wedi sefydlu CDdWC. Bu Jessie yn aelod o'r tîm tan iddi gyrraedd ei chant oed. Fel tîm roedden nhw'n agos iawn at ei chalon ac roedd hi'n gofalu amdanyn nhw i gyd. Trefnai gyngherddau a theithiau dawns ar eu cyfer, gan sicrhau bod gwisgoedd brethyn traddodiadol coch, du a gwyn y merched yn edrych yn wreiddiol ac yn drwsiadus ar bob adeg. Gwisgai'r merched yr hetiau duon, uchel traddodiadol y byddai Jessie yn cael wedi eu gwneud yn broffesiynol yn arbennig ar eu cyfer. Gwisgent siôl wlân roedd Jessie wedi eu gwehyddu ei hun hefyd. Roedd eu lluniau ar gardiau post Cymru am nifer o flynyddoedd. Wrth i'r blynyddoedd fynd yn eu blaen, roedd y tîm yn awyddus i dalu'n ôl iddi am ei gofal a'i charedigrwydd hael tuag atynt. Byddent yn ei gyrru i amrywiol weithgareddau'r gymdeithas a sicrhau ei bod bob amser ynghanol pawb a phopeth.

Cyfarfûm â Jessie gyntaf ar gyrsiau dawnsio gwerin penwythnos y gymdeithas. Edrychai mor ysblennydd yn ei hesgidiau dawnsio cochion hyfryd! Hyd yn oed pan nad hi oedd y prif hyfforddwr, ni allai ymatal rhag lleisio rhyw sylw bach i gynorthwyo – arfer sy'n demtasiwn i bob yr un ohonom sy'n hyfforddi! Un tro roedd hi'n dioddef o retina rydd, ond allai hyd yn oed hynny ddim rhwystro Jessie rhag mynychu'r cwrs dawns. Byddai Jessie bob amser yn taflu pob anhawster oddi ar ei gwar a bwrw ati!

Ces i'r anrhydedd o ddawnsio 'Rîl Llanofer' gyda thîm dawnsio gwerin Jessie mewn cyngerdd awyr agored yng Ngherddi Dyffryn, Bro Morgannwg, un haf. Buom yn mwynhau penwythnos ar y cyd gyda'r Gymdeithas Canu Gwerin ac roedd Jessie yn brin o un ferch ar gyfer y perfformiad ac felly fe ges i fy nhynnu i mewn! Rwy'n cofio ceisio efelychu arddull dawnsio penodol merched Brynmawr gyda'u stepio ysgafn a'u bysedd gosgeiddig yn dal eu sgertiau allan wrth ddawnsio. Gallwn ychwanegu y byddai unrhyw un o'r dawnswyr eraill a oedd yn bresennol y diwrnod hwnnw yn gallu dawnsio pob un o'r tri ffigwr ar ddeg a berthynai i 'Rîl Llanofer' pe bai gofyn iddynt wneud. Yn gyffredinol, bydd y rhan fwyaf o dimau yn dewis dawnsio pedwar neu chwech ffigwr mewn perfformiad erbyn hyn.

Yng ngŵyl haf y gymdeithas yn 1988 derbyniodd Jessie wobr gan

face. She looked as proud as punch and I'm sure it brought back many memories of her dancing years. Jessie was, of course, one of the four people awarded the WFDS medal for her excellent work with the society.

Although having mentioned it several times above in connection with Jessie, I have not, as yet, described the 'Llanover Reel'. It was a dance much loved by Jessie, and indeed she regarded it as her very special local dance – Llys Llanofer, the 'home' of the dance being not very far from Jessie`s home in Brynmawr. It is a three-hand dance, that is, one man with a lady on either side. Usually, between four and six sets of three dancers would dance one behind the other. The tune that accompanies this dance is 'Jones' Hornpipe', composed by Edward Jones, Bardd y Brenin, whom I have already mentioned in connection with the Llangadfan dances. We do not know much about the origins of the reel, but we do know that it was one of the dances kept alive during the nineteenth century at Llys Llanofer or Llanover Court, near Abergavenny. Lady Llanover, wife of Benjamin Hall (Big Ben may have been named after him), would entertain her guests with Welsh traditional music and dance. Her staff were the dancers, and the musician was Thomas Griffiths, the harper at the 'Llys'. The dancers were dressed in beautifully tailored traditional Welsh flannel outfits, which Lady Llanover insisted her staff wore at all times. This was part of Lady Llanover's endeavours to support Welsh cottage industries, including the traditional woollen mills.

'Llanover Reel' was revived in the early twentieth century. It was recalled by Mrs Gruffydd Richards, daughter of the Llanover harper, and it is noted to have been danced by the local children of Llanover School on St David's Day in 1918. Jessie would have been sixteen years old around this time and I wonder if she heard about it in Brynmawr? There are two published versions of *Llanover Welsh Reel*, both from the recollections of Mrs Gruffydd Richards.[14,15] Interestingly, these publications differ, although interpreted from the same recollections. Jessie favoured the WFDS version published in 1944 and always kept to this version. Many people think of 'Llanover Reel' as a 'court' dance because of its association with the 'llys' or court of Lady Llanover. However, the hornpipe, published

faer Blaenau Gwent am ei gwaith o hyrwyddo dawnsio gwerin Cymru yn yr ardal. Yn 1992 cyd-ddigwyddiad hapus oedd i Ŵyl Gerddi Glyn Ebwy ddigwydd daro ar ben-blwydd Jessie yn naw deg mlwydd oed – ac yn ôl y disgwyl, cyrhaeddodd Jessie mewn steil – mewn limwsîn mawr du! Roedd Jessie bob amser yn gallu taro'r nodyn aruchel cywir!

Deng mlynedd yn ddiweddarach, a hithau'n dathlu ei phen-blwydd yn gant oed, perfformiodd pymtheg set o dri o ddawnswyr 'Ril Llanofer' y tu allan i'w chartref. Roedd y dawnswyr i gyd yn wynebu Jessie, fel y 'Presenoldeb', sef y cyfeiriad y byddai 'Llanofer' bob amser yn cael ei dawnsio. Roedd hi'n amlwg yn ymfalchïo yn yr olygfa ac yn wên o glust i glust. Rwy'n siwr i'r olygfa ddwyn i gof lawer iawn o atgofion o'i blynyddoedd hir o ddawnsio. Mae Jessie yn un o'r pedwar person a anrhydeddwyd â medal CDdWC am ei gwaith gwych gyda'r gymdeithas.

Er i mi grybwyll 'Ril Llanofer' sawl tro mewn cysylltiad â Jessie, dwi ddim eto wedi disgrifio'r ddawns. Roedd Jessie yn arbennig o hoff ohoni, ac yn wir roedd hi'n ei hystyried yn ddawns leol arbennig iddi gan fod Llys Llanofer – 'cartref' y ddawns hon – nid nepell o gartref Jessie ym Mrynmawr. Dawns tri pherson yw hi, hynny yw, un dyn gyda menyw ar y dde a'r chwith iddo. Fel arfer, bydd rhwng pedwar a chwech uned o dri yn dawnsio y tu ôl i'w gilydd. Yr alaw a ddefnyddir ar gyfer y ddawns fel arfer yw 'Pibddawns Jones' a gyfansoddwyd gan Edward Jones, Bardd y Brenin, y soniais amano eisoes wrth drafod dawnsiau Llangadfan. Does dim llawer o wybodaeth gennym ynghylch gwreiddiau'r ddawns, ond gwyddom iddi fod yn un o'r dawnsiau a gadwyd yn fyw drwy gael eu dawnsio yn y 19eg ganrif yn Llys Llanofer, ger Y Fenni. Byddai Arglwyddes Llanofer, gwraig Benjamin Hall, a gysylltir â thwr a chloc Big Ben yn Llundain, yn diddanu ei gwestai gyda cherddoriaeth a dawnsio traddodiadol Cymreig. Ei staff ei hun oedd y dawnswyr a thelynor y llys, Thomas Griffiths, oedd y cyfeilydd. Roedd y dawnswyr yn gwisgo gwisgoedd wedi eu teilwra'n gelfydd ar eu cyfer, yn wir byddai Arglwyddes Llanofer yn mynnu bod ei staff yn eu gwisgo bob amser. Roedd hynny'n ymgais benodol gan yr arglwyddes i gefnogi diwydiannau bychain Cymreig, gan gynnwys y melinau gwlân traddodiadol.

Cafodd 'Ril Llanofer' ei hadfywio yn gynnar yn yr 20fed ganrif. Roedd gan Mrs Gruffydd Richards, merch telynor Llanofer, atgof o'r ddawns, ac mae cofnod iddi gael ei dawnsio gan y plant lleol ar Ddydd

with the dance, might indicate a livelier interpretation! Whichever version you favour, the 'Llanover Reel' is a lovely dance and a great favourite with both audience and dancers. It is always danced at society events. In my mind however, it will be for ever associated with Jessie Williams.

Margretta Thomas (1880-1972) and her daughter, Dr Ceinwen Thomas (1911-2008)

Dr Ceinwen Thomas was a first-language Welsh scholar with a great interest in the Welsh dialects of south-east Wales. She was especially interested in the dialects of the Nantgarw area, the home of her immediate family. After graduating with a first-class honours degree in Welsh from University College of Wales, Cardiff, she became, for a time, a teacher of the language at Pen-y-Cae school, Ebbw Vale, and later at Brynmawr. She was a Welsh Nationalist all her life and was involved in many battles to promote the use and status of the Welsh language.

While she was teaching at Brynmawr she happened to meet a man called Walter Dowding, a member of the Brynmawr dancers. She mentioned to him that her mother, Catherine Margretta Thomas, remembered seeing some old traditional dancing in and around Nantgarw when she was a child. Ceinwen was still a student studying at the university in Cardiff around the time her mother began to share with her some fascinating memories about seeing these dances. She began recording them and eventually presented Walter Dowding with her copious notes describing fragments of the various dances her mother recalled. Having read her notes, he was keen for Doris Freeman, a founder member of the WFDS, to visit Margretta to find out more about the dances she remembered seeing. Margretta, however, was not happy to accommodate her at first, as she felt her memories were quite fragmented. However, when Ceinwen tried to dance some of the figures in their kitchen at home, Margretta's memories began to resurface and she would encourage Ceinwen by saying things like, 'No, no, that's not how it begins!'[16] In Margretta's youth, it had been customary to set up a roped-off enclosure at the annual local fairs for the dancing. Margretta

Gŵyl Dewi yn 1918 yn ysgol Llanofer. Byddai Jessie wedi bod yn un ar bymtheg oed tua'r adeg honno a thybed a glywodd hi amdani ym Mrynmawr? Mae dwy fersiwn o 'Ril Llanofer' wedi eu cyhoeddi, yn seiliedig ar atgofion Mrs Gruffydd Richards.[14,15] Yn ddiddorol iawn serch hynny, mae'r cyhoeddiadau yn wahanol er iddynt gael eu dehongli o'r un atgofion. Roedd yn well gan Jessie dehongliad CDdWC, a gyhoeddwyd yn 1944, a dyma'r un a ddefnyddiai hi bob amser. Mae llawer o bobl yn ystyried 'Ril Llanofer' yn ddawns llys oherwydd ei chysylltiad gyda Llys Llanofer ei hun. Serch hynny, mae'r bibddawns a gyhoeddwyd gyda'r ddawns efallai yn awgrymu dehongliad mwy bywiog ohoni! P'run bynnag yw eich ffefryn ymhlith y cyhoeddiadau, mae 'Ril Llanofer' yn ddawns hyfryd ac yn ffefryn mawr gan gynulleidfaoedd a dawnswyr fel ei gilydd. Caiff ei dawnsio yn nigwyddiadau'r gymdeithas bob amser. Ond i mi, bydd y ddawns, am byth, yn gysylltiedig â Jessie Williams.

Margretta Thomas (1880-1972) a'i merch, Dr Ceinwen Thomas (1911-2008)

Roedd Dr Ceinwen Thomas yn ysgolheigwraig o Gymraes a chanddi ddiddordeb mawr yn nhafodieithoedd de ddwyrain Cymru, yn enwedig y rheini o gwmpas ardal Nantgarw, cartref ei theulu. Wedi ennill gradd anrhydedd dosbarth cyntaf yn y Gymraeg o Goleg y Brifysgol, Caerdydd, bu am gyfnod yn athrawes y Gymraeg yn ysgol Pen-y-Cae, Glyn Ebwy, ac yn ddiweddarach ym Mrynmawr. Roedd hi'n genedlaetholwraig bybyr ar hyd ei hoes a bu'n flaenllaw iawn mewn aml i frwydr i hyrwyddo statws yr iaith Gymraeg.

Tra roedd hi'n athrawes ym Mrynmawr, digwyddodd daro ar ddyn o'r enw Walter Dowding, aelod o Ddawnswyr Brynmawr. Soniodd wrtho fod ei mam, Catherine Margretta Thomas, yn cofio gweld peth dawnsio traddodiadol o gwmpas ardal Nantgarw pan oedd yn blentyn. Roedd Ceinwen yn dal yn fyfyrwraig yng Nghaerdydd pan ddechreuodd ei mam rannu ei hatgofion am yr hen ddawnsiau hynny gyda hi. Wedi ei chyfareddu, dechreuodd Ceinwen gofnodi'r pytiau o ddawnsiau a ddisgrifiodd ei mam iddi, ac yn y pen draw cyflwynodd ei phentwr o nodiadau i Walter Dowding. Wedi eu darllen roedd yntau'n awyddus iawn i Doris Freeman, un o sylfaenwyr CDdWC, ymweld â Margretta i ganfod mwy am y dawnsiau a gofiai. Roedd Margretta ar y pryd yn

recalled being taken to see the performers in their exciting costumes at the Groeswen fete by her father and grandmother, who paid the princely sum of one shilling for the dancers to perform 'Rali Twm Siôn'. Ceinwen describes, in detail, in an article in *Dawns 1997/98*,[17] her mother's recollections, including tales of Margretta's remarkable memory both in youth and old age.

In 1954, Löis Blake and WS Gwynn Williams published *Three Nantgarw Dances*[18] containing 'Dawns Blodau Nantgarw', 'Dawns Gŵyl Ifan' and 'Rali Twm Siôn', all based on Margretta's descriptions. These dances were interpreted for us in the light of Löis' and Gwynn's dance and musical experience, and were set out clearly for relatively inexperienced dancers to follow. Included in this publication were also short descriptions of each dance taken from Dr Ceinwen Thomas' full notes. These helped us to picture Margretta's memories of the roped-off enclosure, the special costumes for certain dances, and the smartly dressed master of ceremonies. We should also remember that, in the late nineteenth century, strong Nonconformist religious ideals considered dancing and music to be a sin. Despite religious disapproval, however, dancers and their followers clung to their traditional performances on fair days. Even musical instruments were frowned upon, but sometimes a willing harper, fiddler or, in extreme cases, a tin whistle player could be persuaded to take part!

'Dawns Blodau' and 'Gŵyl Ifan' were summer dances, the latter being danced on Midsummer's Eve, with the girls described as wearing white muslin dresses. Descriptions of 'Dawns Blodau', on the other hand, refer to trailing garlands of wildflowers plucked from the hedgerows and carried into the performance with the movements becoming quite wild as the dance progressed! 'Rali Twm Siôn' was a processional dance with complex figures linked by simple processions. In the Gwynn Williams publication, these processions were represented by circular promenades. The dance may be related to Morris dancing, although in 'Rali Twm Siôn' the men each have a female partner. Both men and women are described as wearing bells on their fingers as well as on their colourful costumes and singing choruses of 'Ffaldi-ral-di, ffaldi-ral-di-ro' as they danced.

You may well ask whether Margretta's memories are reliable, as

anfodlon ei chyfarfod gan iddi ystyried ei hatgofion yn rhy dameidiog. Serch hynny, pan geisiodd Ceinwen ddawnsio rhai o'r ffigyrau yn eu cegin dechreuodd mwy o atgofion lifo'n ôl iddi a byddai Margretta yn annog Ceinwen drwy wneud sylwadau fel 'Na, na, nid fel yna mae'n cychwyn.'[16] Pan oedd Margretta'n ifanc, roedd hi'n arferiad yn y ffeiriau lleol i osod rhaff o gwmpas man penodol ychydig i ffwrdd o'r pentre, ar gyfer y dawnsio. Cofiai Margretta fynd i ffair Groeswen gyda'i thad a'i mam-gu i wylio'r dawnswyr yn eu gwisgoedd cyffrous, ac iddynt dalu'r swm rhyfeddol o swllt er mwyn i'r dawnswyr berfformio 'Rali Twm Siôn'. Yn rhifyn *Dawns 1997/98*[17] mae Ceinwen yn disgrifio atgofion ei mam gan gynnwys hanesion am gof rhyfeddol ei mam, tra roedd yn ifanc yn ogystal ag yn ei henaint.

Yn 1954, cyhoeddodd Löis Blake a WS Gwynn Williams y llyfryn *Three Nantgarw Dances*[18], yn cynnwys tair dawns yn seiliedig ar ddisgrifiadau Margretta, sef 'Dawns Blodau Nantgarw', 'Dawns Gŵyl Ifan' a 'Rali Twm Siôn'. Dehonglwyd y dawnsiau hyn ar ein cyfer yng ngoleuni profiad Löis a Gwynn o ddawns a cherddoriaeth. Maent wedi eu gosod allan yn glir iawn fel y gall dawnswyr cymharol ddibrofiad eu dilyn. Mae'r cyhoeddiad hwn hefyd yn cynnwys disgrifiad byr o'r dawnsiau gwahanol wedi ei gymryd o gofnodion llawn Dr Ceinwen. Mae'r rhain yn ein helpu i ddarlunio atgofion Margretta o'r ardal arbennig honno wedi ei neilltuo gyda rhaffau ar gyfer y dawnswyr, y gwisgoedd arbennig ar gyfer dawnsiau penodol, ynghyd â gwisg drwsiadus y galwr. Rhaid cofio hefyd, ar ddiwedd y 19eg ganrif, yn dilyn twf Anghydffurfiaeth yng Nghymru, ystyrid dawnsio a cherddoriaeth yn bechod. Ond er gwaethaf gwrthwynebiad crefyddol, glynodd y dawnswyr a'u cefnogwyr at eu perfformiadau traddodiadol ar ddiwrnodau ffair. Roedd hyd yn oed offerynnau cerddorol yn dod o dan y lach, ond weithiau byddai modd perswadio ffidlwr, telynor neu hyd yn oed chwaraewr chwisl dun i gyfeilio!

Dawnsiau haf yw 'Dawns Blodau' a 'Gŵyl Ifan'. Dawnsid 'Gŵyl Ifan' ar ddiwrnod Calan Mai, a disgrifir y merched yn gwisgo ffrogiau mwslin gwyn. Mae 'Dawns Blodau', ar y llaw arall, yn disgrifio'r merched yn defnyddio garlantau ymlusgol o flodau gwyllt wedi eu tynnu o'r perthi, a'u cynnwys fel rhan o'r perfformiad. Nodir hefyd fod symudiadau'r dawnswyr yn mynd yn fwy gwyllt wrth i'r ddawns ddatblygu! Dawns orymdeithiol oedd 'Rali Twm Siôn' yn cynnwys nifer

she was very young when she saw these dances. My answer is that children take in detail; they frequently mime and copy the adults, with a lot of giggling I'm sure. It should be considered, for example, that Margretta loved dancing. She had a superb memory, as witnessed by the many prizes she won at the numerous local eisteddfodau, sometimes winning at more than one in a single day. She also told her daughter of how she would urge her young friends to dance with her when at play.

In my article 'Margretta at the Gardens' in *Dawns 2005*,[19] I describe a group of children leaving the picnic area of the National Botanic Garden of Wales to watch and copy the adults who were dancing in the Millennium Square. I had noticed how, 'One little girl in particular is leading the group and mimics the dance walk and the curtsy, with head held high and skirts held out.' It could be quite fair to assume that Margretta remembered many of the patterns and movements she would have mimicked when she played as a child.

Margretta also recalled seeing 'Dawns Ceiliog y Rhedyn' (Grasshopper Dance), which apparently caused much merriment at the annual Sunday school walk and tea party at Nantgarw. This dance includes movements and noise to simulate the grasshoppers' jerky movements. It was published by the society in 1960.[20] There were two other spectacular dances that Margretta had seen at the annual cheese fairs in Caerphilly, namely 'Dawns y Pele' (Ball Dance), and 'Ffair Caerffili'.

Margretta lived to see her dance memories become fully recreated by dancers from the society and was quite amazed to see them faithfully reproduced. It must have given her immense pleasure and perhaps a little 'hiraeth' for the exciting experiences of her youth.

Thank you, Margretta.

o ffigyrau cymhleth gydag ymdeithio syml yn digwydd rhwng pob un. Yng nghyhoeddiad WS Gwynn Williams, cynrychiolir yr ymdeithio hwn gan y dawnswyr yn gwneud promenâd ar ffurf cylch. Mae'n bosibl bod y ddawns yn perthyn i draddodiad dawnsio Morris, ond yn 'Rali' mae gan y dyn bartner benywaidd. Disgrifir y dynion a'r merched yn gwisgo clychau ar eu cyrff ac ar eu gwisgoedd ac yn canu cytgan gyson o 'Ffal-di-ral-di, ffaldi-ral-di ro' wrth ddawnsio.

Digon teg yw gofyn i ba raddau y mae atgofion Margretta yn ddibynadwy, gan ei bod yn ifanc iawn pan welodd hi'r dawnswyr. Fy ymateb i hynny yw bod plant yn sylwgar iawn, maent yn aml iawn yn meimio ac yn copïo oedolion, gyda llawer o chwerthin hefyd mae'n siwr. Dylid ystyried hefyd fod Margretta wrth ei bodd yn dawnsio ac roedd ganddi gof gwych, fel y tystia'r gwobrau niferus a enillodd mewn eisteddfodau lleol – yn aml yn ennill mewn mwy nag un ar yr un diwrnod. Esboniodd wrth ei merch yn ogystal sut y byddai'n annog ei ffrindiau i ddawnsio gyda hi pan fyddent yn chwarae.

Yn fy erthygl 'Margretta yn y Gerddi' yn *Dawns* 2005,[19] disgrifiais grŵp o blant yn gadael yr ardal bicnic yng Ngardd Fotaneg Genedlaethol Cymru er mwyn gwylio a chopïo'r oedolion a oedd yn dawnsio yn Sgwâr y Mileniwm yno. Roeddwn wedi sylwi ar ymddygiad un ferch fach gan nodi: 'One little girl, in particular, is leading the group and mimics the dance walk and the curtsy, with head held high and skirts held out.' Gellid tybied, felly, fod Margretta'n go agos i'w lle wrth ddwyn i gof rhai o'r symudiadau y byddai, o bosibl, wedi eu hefelychu wrth chwarae pan oedd hi'n blentyn.

Roedd Margretta hefyd yn cofio gweld 'Dawns Ceiliog y Rhedyn', dawns a gododd gryn hwyl yn ystod taith gerdded a the parti blynyddol yr Ysgol Sul yn Nantgarw. Mae'r ddawns hon yn cynnwys synau a symudiadau sy'n efelychu neidio herciog 'Ceiliog y Rhedyn'. Cyhoeddwyd y ddawns gan y gymdeithas yn 1960.[20] Cofiai Margretta weld dwy ddawns drawiadol arall yn ffeiriau caws blynyddol Caerffili hefyd, sef 'Dawns y Pele' a 'Ffair Caerffili'.

Bu Margretta fyw i weld ei hatgofion tameidiog am y dawnsiau yn cael eu hail-greu yn ddawnsiau llawn gan ddawnswyr o'r gymdeithas, a rhyfeddai at ba mor gywir y cawsant eu hatgynhyrchu. Mae'n siwr i hynny roi pleser mawr iddi, ac efallai ychydig o hiraeth am brofiadau cyffrous ei hieuenctid.

Diolch Margretta.

Patrick Noel Shuldham Shaw (1917-1977)

One Lord a Leaping right across the floor,
Ten students creeping, in through the door,
The old Magnolia is in bloom,
Exams are coming very soon.
We should be at our books for hours
Before the 'Old One' loses flowers,
But hark a stirring sound we hear
'The Lord of Dance', he must be near.
With accordion strapped on his mighty frame
Bearded Patrick is his name.
One, two, leap, four, with aching knees we strike the floor,
Caerphilly Fair we thought we knew,
But marching now our steps renew,
Boys crouching low with outstretched feet,
Will they the famous Cossacks beat?
What TV show? A piece of cake!
Then Padrig Farfog's hand we'll shake.

Mavis Williams-Roberts

The above few lines refer to a visit by Pat Shaw to the University of Wales, Swansea's folk dance group, namely, Parti Prifysgol Abertawe, during the 1960s.

Pat, whom we all now think of as the twentieth-century's 'dancing master', had come to help us understand and interpret the dance 'Ffair Caerffili', one of the fair dances recollected by Margretta Thomas. Instead of using the tune 'Hyd y Frwynen' (Length of the Rush) as published by the WFDS in 1960, Pat had brought an alternative tune, namely, 'Ymdaith Caerffili' (Caerphilly March).

Wearing his big accordion strapped across his ample chest, Pat proceeded to leap across the floor demonstrating how completely the character of the dance was changed by using this tune. He believed that this dance was related to the Morris tradition. We, as young students, immediately loved the change of tune, which allowed time for a dancer to use longer and higher leaps where these came in the dance. The boys were happy to show off their strength!

Patrick Noel Shuldham Shaw (1917-1977)

One Lord a Leaping right across the floor,
Ten students creeping, in through the door,
The old Magnolia is in bloom,
Exams are coming very soon.
We should be at our books for hours
Before the 'Old One' loses flowers,
But, hark a stirring sound we hear,
'The Lord of Dance', he must be near.
With accordion strapped on his mighty frame
Bearded Patrick is his name.
One, two, leap, four, with aching knees we strike the floor,
Caerphilly Fair we thought we knew,
But marching now our steps renew,
Boys crouching low with outstretched feet,
Will they the famous Cossacks beat?
What TV Show? A piece of cake!
Then Padrig Farfog's hand we'll shake.

Mavis Williams-Roberts

Cyfeiria'r ychydig eiriau uchod at ymweliad Pat Shaw â thîm dawnsio gwerin Prifysgol Abertawe yn y 1960au, sef Parti Prifysgol Abertawe.

Erbyn hyn rydym yn ystyried Pat fel 'meistr dawns' yr 20fed ganrif. Y tro hwnnw roedd wedi dod atom fel tîm i'n helpu i ddehongli'r ddawns 'Ffair Caerffili', un o'r dawnsiau ffair a gofnodwyd o atgofion Margretta Thomas. Yn hytrach na defnyddio'r alaw 'Hyd y Frwynen' fel yr awgrymir yng nghyhoeddiad CDdWC, roedd Pat wedi dod ag alaw wahanol iawn gydag ef, sef 'Ymdaith Caerffili'.

Gan wisgo ei acordion mawr, trwm ar draws ei frest gadarn, dechreuodd Pat neidio ar draws y llawr i ddangos sut roedd yr alaw hon yn newid cymeriad y ddawns yn llwyr. Credai fod y ddawns hon yn perthyn i draddodiad dawnsio Morris. Roeddem ni, fel myfyrwyr ifanc, wrth ein bodd gyda'r newid alaw a oedd yn rhoi digon o amser i ddawnsiwr ddefnyddio camau hirach yn ogystal ag i neidio'n uwch, lle roedd gofyn am hynny fel rhan o'r ddawns. Roedd y bechgyn wrth eu bodd yn cael cyfle i wneud sioe o'u cryfder!

Photo / Llun: Welsh Folk Dance Society / Cymdeithas Ddawns Werin Cymru

Pat Shaw was a highly accomplished musician, dancer and singer. His mother had been a professional singer who also had strong links with the English Folk Dance and Song Society. He was immersed in folk tradition and culture from an early age. Memories of his life and work have been collected into a book simply entitled *Pat Shaw*.[21] Reading this book gives even those of us who knew him as a friend, an insight into Pat's enormous contribution to the folk culture of England, Wales, Scotland, the Netherlands and the USA. The Welsh Folk Dance Society was very fortunate to receive his help in the 1960s, reviving and arranging Welsh folk dances.

Wherever Pat went he brought music and fun. His teaching sessions were a joy; he taught a very expansive style of dancing, with plenty of flowing movement. In his introduction to a collection of dances called *New Wine in Old Bottles*[22] he wrote:

> I would make a plea for plenty of flow, plenty of push off the back foot and good full-blooded movement of the whole leg. No dancing from the knees down and no creeping diffidently about.

We often asked him about style and tempo in dance, a contentious subject in Wales. His answer to us was, 'I think one should start with the music; try to discover its natural tempo and character and make one's style of dancing fit that.'

I attended a session of Welsh folk dance on a cold winter weekend at Rhoose in the Vale of Glamorgan. Pat was the instructor and surprised us by choosing to teach a simple square dance called 'Clawdd Offa' (Offa's Dyke, often known as 'Oswestry Square'). Rather than focusing on the figures, he was concentrating on how a dancer should prepare to move on the first beat of the bar – and

Roedd Pat Shaw yn ŵr amryddawn; yn gerddor, yn ddawnsiwr ac yn gantor hynod fedrus. Roedd ei fam yn gantores broffesiynol a chanddi hefyd gysylltiad cryf gyda Chymdeithas Ddawnsio a Chanu Gwerin Lloegr. O ganlyniad, cafodd ei feithrin yn nhraddodiad a diwylliant gwerin o oed ifanc iawn. Cofnodwyd atgofion o'i fywyd a'i waith yn y gyfrol *Pat Shaw*.[21] Mae darllen y gyfrol hon, hyd yn oed i'r rheini ohonom oedd yn ei adnabod fel ffrind, yn agoriad llygad ac yn fewnweledìad arbennig i'w gyfraniad aruthrol i ddiwylliant gwerin Lloegr, Cymru, yr Alban, yr Iseldiroedd a'r Amerig. Roedd CDdWC yn ffodus iawn i gael ei gymorth yn y 1960au i adfer a threfnu dawnsiau gwerin Cymru.

Er gwaethaf ei dalent sylweddol a'i radd mewn cerddoriaeth o Gaergrawnt, roedd yn ddyn gwylaidd iawn – mor gartrefol ymhlith academyddion ag ydoedd mewn gŵyl werin. Roedd yn ysgolhaig hyddysg a chanddo'r ddawn arbennig honno i gyfathrebu'n rhwydd gyda phobl o bob cwr a chefndir – roedd yr un mor gartrefol fel ysgolhaig ag fel hyfforddwr dawnsio gwerin neu'n berfformiwr ei hun.

Ble bynnag byddai'n mynd byddai Pat yn mynd â cherddoriaeth a digon o hwyl gydag e hefyd. Roedd ei sesiynau hyfforddi yn bleser pur; byddai'n addysgu arddull dawnsio eang, hyderus a fyddai'n gwneud i'r ffigyrau a'r symudiadau lifo'n esmwyth. Yn ei rhagymadrodd i'r casgliad o ddawnsiau, *New Wine in Old Bottles*,[22] meddai:

> I would make a plea for plenty of flow, plenty of push off the back foot and good full-blooded movement of the whole leg. No dancing from the knees down and no creeping diffidently about.

Byddem yn ei holi'n aml ynglyn ag arddull a thempo dawnsio – pwnc dadleuol iawn yng Nghymru. Ei ateb cyson i ni fyddai: 'I think one should start with the music; try to discover its natural tempo and character and make one's style of dancing fit that.'

Un penwythnos oer, canol gaeaf, mynychais gwrs dawnsio gwerin penwythnos yn y Rhws, Bro Morgannwg. Pat oedd yr hyfforddwr ac, er mawr syndod i ni, dewisodd y ddawns sgwâr syml, 'Clawdd Offa' (a adwaenir hefyd fel 'Sgwâr Croesoswallt'), ar gyfer y sesiwn. Yn hytrach na ffocysu ar ffigyrau'r ddawns honno roedd yn canolbwyntio ar sut y dylai dawnsiwr baratoi i symud ar guriad cyntaf y bar – a dim eiliad

not a fraction of a beat after! Pat wanted us to really listen to the music and thus improve our response to it. He also emphasised the push from the non-leading foot in a sideways slip-step. He would frequently say to us, 'Give weight in the turns; be involved in the dance, without necessarily inventing extra figures to do so.' On occasion, he would jump down from the stage, pat his barrelled chest and say, 'Dance from here.' Perhaps it was actually his accordion that he patted because, to me, it seemed that he was always wearing it when teaching!

Pat was an excellent linguist, able to converse fluently in many languages. He gave a faultless adjudication, in Welsh, at the Swansea National Eisteddfod in 1964. During his lifetime he was conferred the honour of being a member of the National Eisteddfod Gorsedd for his immense contribution to folk dancing in Wales. His Gorsedd name was Padrig Farfog, 'Bearded Patrick'.

Pat frequently stayed with his many friends in north Wales and enjoyed walking the Berwyn Mountains and writing dances – often writing a dance to thank his host for their hospitality. He also wrote dances in response to the beauty of particular landscape features. The dance would probably be formed in his head while out walking. 'Dawns y Pistyll', for example, was inspired by the waterfall at Llanrhaeadr-ym-Mochnant, near the home of his good friend Frances Môn Jones, Telynores y Brython. Frances always took him to the waterfall whenever he stayed with her and her husband Robert Môn Jones. Pat was also known to tease and, with a twinkle in his eye, would sometimes pretend that he had met an old shepherd who remembered a dance rather than admit that he had composed it!

He must have enjoyed his links with Wales as he included four Welsh dances when master of ceremonies, in 1974, at an evening dance in Pinewood, Massachusetts, the summer camp of the American Folk Song and Dance Society. He chose 'Dawns y Pistyll' (Waterfall Dance), 'Ffarwel i'r Marian' (Farewell to the Beach/Shore), 'Y Jig Gymreig' (The Welsh Jig) and 'Blodau'r Waun' (Flowers of Chirk). He also chose to sing the famous Welsh ploughman's work song, 'Cân yr Arad Goch', for his special demonstration. I think his audience would have been a bit unnerved by his powerful voice as he strode back and forth, mimicking ploughing his field. I still remember his

yn ddiweddarach! Roedd Pat am i ni wrando yn fwy gweithredol ar y gerddoriaeth a, thrwy hynny, wella ein hymateb i bob elfen ohoni. Roedd hefyd yn pwysleisio pwysigrwydd gwthio o'r droed sefydlog wrth wneud cam llithro i'r ochr. Byddai'n aml yn dweud wrthym hefyd, 'Give weight in the turns; be involved in the dance, without necessarily inventing extra figures to do so.' Ar adegau, byddai'n neidio o'r llwyfan, yn taro'i frest gadarn a mynnu, 'Dance from here.' Efallai mai'r acordian roedd e'n ei daro, oherwydd i mi roedd e fel petai'n ei wisgo'n barhaus pan roedd e'n hyfforddi!

Roedd Pat yn ieithydd dawnus hefyd a gallai gyfathrebu'n rhugl mewn nifer o ieithoedd. Yn 1964 yn Eisteddfod Genedlaethol Abertawe, traddododd feirniadaeth yn hyderus mewn Cymraeg graenus, di-gamgymeriad. Cafodd ei urddo i'r Orsedd fel cydnabyddiaeth o'i gyfraniad anferth i draddodiad dawnsio gwerin Cymru. Ei enw barddol oedd Padrig Farfog.

Byddai'n aml yn aros gyda'i ffrindiau lu yng ngogledd Cymru, yn mwynhau cerdded mynyddoedd y Berwyn ac ysgrifennu dawnsiau – ac yn aml yn ysgrifennu dawns fel ffordd o ddiolch i'w westeiwr. Byddai rhai o'i ddawniau hefyd yn cynrychioli harddwch tirwedd neu nodwedd arbennig o ardal a hoffai yn fawr. Byddai'r ddawns yn cael ei ffurfio yn ei ben tra byddai allan yn cerdded, mae'n siwr. Er enghraifft, ysgogwyd 'Dawns y Pistyll' gan y rhaeadr yn Llanrhaeadr-ym-Mochnant, ger cartref ei ffrind da Frances Môn Jones, Telynores y Brython. Byddai Frances yn mynd ag ef i ymweld â'r pistyll bob tro y byddai'n aros gyda hi a'i gŵr, Robert Môn Jones. Roedd Pat hefyd yn dipyn o dynnwr coes! Â'i lygaid yn pefrio, byddai weithiau'n esgus iddo gyfarfod rhyw hen fugail pan oedd allan yn cerdded a bod hwnnw wedi cofio rhyw ddawns neu'i gilydd, yn hytrach na chyfaddef mai ef ei hun a'i cyfansoddodd!

Mae'n rhaid iddo fod wedi mwynhau ei gysylltiadau â Chymru yn fawr gan iddo gynnwys pedair dawns werin o Gymru pan oedd yn gyflwynydd noson o ddawns yng ngwersyll haf Cymdeithas Canu a Dawnsio Gwerin America, yn Pinewood, Massachusetts, yn 1974. Dewisodd 'Dawns y Pistyll', 'Ffarwel i'r Marian', 'Y Jig Gymreig' a 'Blodau'r Waun'. Dewisodd hefyd ganu'r enwog 'Cân yr Arad Goch' yn y Gymraeg ar gyfer ei arddangosfa arbennig – roedd disgwyl i bob hyfforddwr gyflwyno perfformiad personol neu ddarlith fel rhan o'u

powerful rendering of this song at one of the WFDS courses. I was invited to teach at Pinewood in 1984 – the legend of Pat surrounded me for the whole week!

Pat composed a number of new dances for the WFDS, as well as editing older ones. I think it is safe to say that 'Tŷ Coch Caerdydd' (Red House of Cardiff) is the favourite among our dancers. 'Tŷ Coch' is one of two dances he wrote using traditional figures from the Llangadfan[23] dances of Montgomeryshire. Pat dedicated the dance to Parti Prifysgol Abertawe, and the second dance, 'Sawdl y Fuwch' (Cow's Heel), to the Llangollen Folk Dancers. In the summer of 1966, Parti Prifysgol Abertawe were invited to dance at the Sidmouth Folk Festival. One evening Pat appeared with his new dance, 'Tŷ Coch Caerdydd', and taught it to us there and then in the little dormitory. The team learned it quickly because it worked perfectly, the figures moving smoothly from one to another. Pat insisted that we danced the 'three-hand stars', as we like to call them, with raised arms, as they represent the towers of Castell Coch, which is situated north of Cardiff just off the M4 and A470. We were honoured to be the first team to dance it, in public, the very next day. Nowadays, no dance event of the WFDS is complete without 'Tŷ Coch'.

Another society favourite is 'Miss Bedlington's Fancy' from the Pat Shaw collection, *Quartet*.[24] This dance includes some Llanover figures and, to quote Pat, 'is a dance for connoisseurs'. Personally, I also love 'Miss Avril's Delight' from the same collection: a challenging five-couple progressive longways. In his introduction to the *Quartet*, Pat says:

> The merits of a dance have nothing to do with its difficulty and it is only when the difficulties have been mastered that we can really judge its quality… One has only to think of a dance like 'Newcastle' to see that this is true. How impossible it seemed the first time we ever tried it, but now what a delight it is when the MC bids us take our partners for it.

How little did I think that one day I would be writing dances that caused people to say, 'We can't do that!' The dances 'The Castles of Lord Rhys' and 'Neath Fair' have both received similar comments when first introduced to my team, Tawerin, from Swansea. However, these two dances have now become team favourites!

rôl. Rwy'n credu byddai'r gynulleidfa wedi eu syfrdannu gan ei lais dwfn, pwerus ac yntau'n camu'n gyhyrog ar draws y llwyfan, fel pe bai'n aredig cae. Rwy i'n dal yn cofio ei ddatganiad grymus o'r gân ar un o gyrsiau CDdWC. Ces i wahoddiad i hyfforddi yn Pinewood fy hun yn 1984. Roedd chwedl Pat yn fy nilyn fel cysgod gydol yr wythnos!

Cyfansoddodd Pat nifer o ddawnsiau newydd i GDdWC yn ogystal â golygu rhai hŷn. Rwy'n credu ei fod yn wir dweud mai 'Tŷ Coch Caerdydd' yw'r ffefryn ymysg ein dawnswyr. Mae 'Tŷ Coch' yn un o ddwy ddawns a gyfansoddodd gan ddefnyddio ffigyrau traddodiadol o ddawnsiau Llangadfan,[23] Sir Drefaldwyn. Cyflwynodd Pat y ddawns hon i Barti Prifysgol Abertawe, a'r ail ddawns, 'Sawdl y Fuwch', i Ddawnswyr Llangollen. Yn ystod haf 1966 gwahoddwyd Parti Prifysgol Abertawe i gymryd rhan yng Ngŵyl Werin Sidmouth, Swydd Dyfnaint. Un noson ymddangosodd Pat gyda'i ddawns newydd, 'Tŷ Coch Caerdydd', gan ein hyfforddi i'w dawnsio yn y fan a'r lle – sef yr ystafell fechan lle roedd y tîm i gyd yn cysgu! Dysgodd y tîm y ddawns yn gyflym oherwydd ei bod hi'n gweithio'n berffaith, gyda'r ffigyrau'n symud yn llyfn o un i'r llall. Mynnodd Pat ein bod yn dawnsio'r ffigwr 'seren i dri', fel y byddwn yn ei galw, drwy ddal y fraich yn uchel gan fod y ffigwr yn cynrychioli tyrau Castell Coch, sydd wedi ei leoli ger yr M4 a'r A470 yng ngogledd Caerdydd. Teimlai'r tîm ei fod yn anrhydedd cael bod y cyntaf i ddawnsio'r ddawns yn gyhoeddus drannoeth ei dysgu! Erbyn hyn nid oes un digwyddiad CDdWC yn gwbl orffenedig heb berfformiad o 'Tŷ Coch'.

Ffefryn arall yw 'Miss Bedlington's Fancy' ('Ffansi Miss Bedlington') o gasgliad *Quartet*[24] Pat Shaw. Mae'r ddawns hon yn cynnwys rhai ffigyrau Llanofer ac fel dywed Pat ei hun, 'It is a dance for connoisseurs.' Yn bersonol rwy'n hoff iawn o'r ddawns 'Miss Avril's Delight' ('Hyfrydwch Miss Avril') o'r un casgliad. Dawns uned hir esgynnol ddigon heriol yw hi. Yn ei gyflwyniad i'r llyfryn *Quartet* dywed Pat:

> The merits of a dance have nothing to do with its difficulty and it is only when the difficulties have been mastered that we can really judge its quality… One has only to think of a dance like Newcastle to see that this is true. How impossible it seemed the first time we ever tried it, but now what a delight it is when the MC bids us take our partners for it.

Finally, a full chronology of Pat's life, including the publication dates of all his dances, can be found in Brenda Goodrich's book.[25] Yes, Pat Shaw truly was the twentieth-century's dancing master.

Ychydig yn wir y meddyliais y byddwn innau'n cyfansoddi dawnsiau a fyddai'n achosi i bobl ochneidio, 'Allwn ni ddim gwneud hwnna!' Derbyniodd y dawnsiau 'Cestyll yr Arglwydd Rhys' a 'Ffair Castell Nedd' sylwadau tebyg gan fy nhîm Tawerin o Abertawe wrth i mi eu cyflwyno am y tro cyntaf. Serch hynny, mae'r ddwy yn ffefrynnau mawr gan y tîm bellach!

Cyn cloi, dylid nodi bod cronoleg o fywyd Pat, gan gynnwys dyddiadau cyhoeddi ei holl ddawnsiau, i'w gael yng nghyfrol Brenda Goodrich.[25] Oedd, mi roedd Pat Shaw, yn ddi-os, yn feistr dawns yr ugeinfed ganrif.

CHAPTER 2

Highlights from my Sixty Years of Welsh Folk Dancing

I HAVE NOT attempted a complete chronological account of my sixty years with the Welsh Folk Dance Society. I have simply described some of my experiences. They may not be the most significant, but they are memories that spring readily to mind.

Early years at University College of Wales, Swansea

In 1961, at the end of my first summer at university, the Welsh folk dance team Parti Prifysgol Abertawe were asked to take part in the Summer County Margarine Festival held at Singleton Park. Having danced all our favourite dances, including 'Gŵyl Ifan', we were then asked to perform again! We therefore found a quiet spot, learned a couple of new dances, and rushed back to perform. Oh, how lovely to be young and adaptable! I might add that 'Gŵyl Ifan' is usually danced twice through with the second time at a faster pace. Our teacher, Iolo ap Eurfyl, always had us dancing the faster second time through at a 90-degree angle – very tricky to remember where you were, especially with audience on all four sides.

I danced with Parti Prifysgol Abertawe for nine years. Firstly, when I was an undergraduate, then as a research student, and finally while employed by the Geology Department. I had many wonderful experiences during that time, including my first visit to the National Eisteddfod, dancing in front of an enthusiastic audience. The dance team also travelled to folk festivals at home and abroad. We were entertained

PENNOD 2

Uchafbwyntiau fy Nhrigain Mlynedd o Ddawnsio Gwerin Cymru

DYDW I DDIM wedi cesio creu cofnod cronolegol llawn o'm trigain mlynedd gyda Chymdeithas Ddawns Werin Cymru yn y llyfr hwn. Dydw i ddim ond, yn syml, wedi disgrifio rhai o'm profiadau. Efallai nad ydynt y rhai mwyaf arwyddocaol, ond maent yn atgofion sy'n neidio i'r cof yn gyflym.

Y blynyddoedd cynnar yng Ngholeg y Brifysgol, Abertawe

Ar ddiwedd fy haf cyntaf yng Ngholeg y Brifysgol, Abertawe, yn 1961, gwahoddwyd tîm dawnsio gwerin y brifysgol, Parti Prifysgol Abertawe, i ddawnsio yn yr Ŵyl Margarîn Sirol ym Mharc Singleton. Wedi dawnsio ein hoff ddawnsiau i gyd, gan gynnwys 'Gŵyl Ifan', gofynnwyd i ni ddawnsio eto! Felly, chwilion ni am gornel fach dawel lle dysgon ni ddwy neu dair o ddawnsiau newydd yn gyflym a rhuthro'n ôl i'w perfformio. Mor wych yw bod yn ifanc, hyblyg ac ystwyth! Carwn ychwanegu bod dawns 'Gŵyl Ifan', fel arfer, yn cael ei dawnsio ddwywaith drwyddi gyda'r ail dro llawer yn gyflymach. Roedd Iolo ap Eurfyl, ein hyfforddwr, yn hoffi i ni ddawnsio'r ail waith drwy'r ddawns gan symud lleoliad y 'blaen' neu'r 'gynulleidfa' o naw deg gradd – tipyn o her oedd cofio yn union ble roeddech chi, yn enwedig gan ein bod yn dawnsio mewn sgwâr a chynulledifa ar bedair ochr!

en route with jokes from Robin-the-Flute's little black book. On an early visit to Brittany, the local paper published a photograph of the team dancing 'Llanover Reel' with the caption, 'Young, smiling and talented.' We were delighted as we had worked hard on our double heys in this dance. Our steps and movements were so well matched that we knew, without looking, if our lines were correct. We made several more visits to Brittany over the years, enjoying the bagpipes, the beautiful lace and the lively Fest-Noz.

Breton folk festivals are renowned for their love of long parades. One particular festival stands out in my mind as these processions and parades took place in temperatures well into the nineties degree Fahrenheit! The men of the Scottish pipe band who travelled with us had to notch in their big leather belts by two inches at the end of four days of marching and playing, while wearing their big busbies and enormous drums. Even the paper money, lodged in their belts, was dyed brown!

One afternoon we performed at a hospital that had tall buildings arranged around a quadrangle. Ann Roderick (Hughes) stood right in the middle; her unaccompanied voice, as clear as a bell, reached up to the patients who were leaning out of the windows as she sang. Afterwards, there was a riotous party for all the teams, with champagne and dancing around the tables.

Working on the executive committee of the Welsh Folk Dance Society

In the late 1960s and early 1970s I served on the executive committee of the WFDS. The earliest meetings I can recall took place in Shrewsbury, where the society had its first-ever meeting, as it happens! At lunchtime, the very benign Emrys Cleaver, our treasurer, took the committee for a roast lunch and his favourite apple pie at the Bear Hotel quite close by. I enjoyed the meetings and learned a great deal about committee procedure and how to deal with talkative members. The meetings were fully bilingual, with members speaking in their preferred language. My attempts to learn the language at that time had not progressed very far, so the Welsh speakers would translate the important points that I did not understand.

Bûm yn dawnsio gyda Pharti Prifysgol Abertawe am naw mlynedd. Yn gyntaf, fel myfyrwraig israddedig, yna pan roeddwn yn fyfyriwr ymchwil, ac yn olaf tra roeddwn yn gweithio yn Adran Ddaeareg y brifysgol. Ces i lawer o brofiadau gwych yn ystod y cyfnod hwn, gan gynnwys fy ymweliad cyntaf â'r Eisteddfod Genedlaethol a chael y wefr o ddawnsio o flaen cynulleidfa mor frwdfrydig. Teithiodd y tîm i nifer o wyliau gwerin ar draws Prydain ac ar y cyfandir hefyd. Byddem yn cael ein diddanu ar ein teithiau gan y jôcs o lyfr bach du 'Robin-Flute'. Ar un o'n hymweliadau cynnar â Llydaw cyhoeddodd y papur lleol lun ohonom yn dawnsio 'Rîl Llanofer' gyda'r pennawd, 'Ifanc, siriol a thalentog'. Roeddem wrth ein boddau gan i ni weithio mor galed ar blethu dwbl y ddawns hon. Roedd ein camau a'n symudiadau yn cydweddu cystal nes nad oedd angen i ni daflu cipolwg i ddiogelu fod ein llinellau'n gywir. Aethom ar sawl taith dawnsio i Lydaw dros y blynyddoedd gan fwynhau cerddoriaeth y bibgod, y lâs hyfryd ac, wrth gwrs, hwyl y Fest-Noz.

Mae gwyliau gwerin Llydaw yn adnabyddus am eu gorymdeithiau hir a niferus. Mae un ŵyl arbennig yn aros yn y cof gan i nifer o'r gorymdeithiau hynny fod o dan haul tanbaid a thymheredd cyson o dros naw deg gradd. Yn wir, yr wythnos honno bu'n rhaid i ddynion y band pibau o'r Alban, a deithiodd yno gyda ni, dynhau eu beltiau mawr lledr o ddau bwynt ar ôl pedwar diwrnod o orymdeithio a chwarae a nhwythau'n gwisgo'u capiau blew mawr a'u drymiau anferth. Roedd hyd yn oed yr arian papur roedden nhw'n cadw yn eu beltiau wedi troi'n frown gan liw'r lledr oherwydd iddynt chwysu gymaint yn y gwres.

Un prynhawn aethom i berfformio mewn ysbyty. Roedd yr adeiladau yn uchel ac wedi eu lleoli o gwmpas sgwâr agored. Safodd Ann Roderick (Hughes) yn y canol a llifodd ei llais digyfeiliant, yn glir fel cloch, i fyny at y cleifion oedd yn pwyso allan o'r ffenestri i'w chlywed. Ar ôl y perfformiad roedd parti mawr, swnllyd i'r timau i gyd. Roedd y siampên yn llifo a phawb yn dawnsio o gwmpas y byrddau.

Gweithio ar bwyllgor gwaith Cymdeithas Ddawns Werin Cymru

Yn y 1960au hwyr a'r 1970au cynnar, roeddwn yn aelod o bwyllgor gwaith CDdWC. Y cyfarfodydd cynharaf rwy'n eu cofio yw'r rheini a

The secretary around this period was Mrs Frances Môn Jones who, incidentally, also acted as treasurer to the Welsh Folk Song Society. She had a warm, outgoing personality, and a pealing laugh that you could recognise a couple of rooms away. At our regular weekend folk dance courses, she was the perfect hostess, making everyone feel welcome and included. She always made a point of putting my mother at ease, when Mum came to weekend courses to help look after my baby daughter Nia. Sometimes at these courses Frances would entertain us with a medley of folk songs, accompanying herself on her golden harp. My favourite was 'Ar Lan y Môr' (On the seashore). She looked so beautiful in her pale green brocade costume and sounded like an angel.

I served for a time as a regional organiser for the society, along with Gaynor Lloyd and Christine Davis, as they were then. The idea was to promote and encourage Welsh dancing in your area. I visited Urdd groups, schools, hospitals and local women's groups. Although this was an enjoyable experience, I felt more suited to choreographing and teaching dances for performance and at national courses.

The Welsh folk dance family

I like to think of some of the people I met in the early 1960s as members of our folk dance family. There was Simon Haines, Emrys Davies, Dr Jack Thomas, Dewi and Moira Humphries, Auntie Babs, Betty Davies, Alex Hamilton and many more. They were a broad mixture of officers, teachers, members of dance teams or interested individuals. Many were founder members of the WFDS. Everyone looked forward to dancing at the annual courses, festivals and eisteddfodau. I would have to fill three books to describe them all! I think the history of the society must be left to another to write. Friendly and welcoming, they taught me so much, not only about Welsh folk dance but also about Wales and Welsh culture.

Betty was such fun, and as a passenger in Terry's (my then husband) car she would shriek when he squeezed through a narrow gap with millimetres to spare on either side. Auntie Babs, on the other hand, was an excellent cook, welcoming all to her home outside Llangollen.

gynhaliwyd yn yr Amwythig, drwy gyd-ddigwyddiad, y man lle cafodd y gymdeithas ei chyfarfod cyntaf erioed! Amser cinio aeth ein trysorydd, yr hynaws Emrys Cleaver, â'r pwyllgor i westy'r Bear ger llaw ar gyfer cinio rhost a'i hoff darten 'falau! Roeddwn yn mwynhau'r cyfarfodydd a dysgais gryn dipyn am weithdrefnau pwyllgorau a sut i ddelio gydag aelodau siaradus. Roedd y cyfarfodydd yn gwbl ddwyieithog gyda'r aelodau'n cyfrannu yn eu dewis iaith. Roedd fy ymdrechion i ddysgu'r iaith heb ddwyn rhyw lawer o ffrwyth yr adeg honno a byddai'r siaradwyr Cymraeg yn cyfieithu unrhyw bwyntiau pwysig doeddwn i ddim yn gallu eu deall.

Frances Môn Jones oedd ysgrifennydd y gymdeithas tua'r adeg honno, a gweithredai hefyd fel trysorydd Cymdeithas Canu Gwerin Cymru. Roedd ganddi bersonoliaeth gynnes, radlon a gellid adnabod ei chwerthiniad iach rhai ystafelloedd i ffwrdd. Ar benwythnosau ein cyrsiau dawnsio gwerin cyson byddai mor groesawgar wrth bawb, gan sicrhau eu bod yn cael eu cynnwys yn y gwahanol weithgareddau. Pan fyddai fy mam yn dod gyda fi i'r penwythnosau hyn i ofalu am fy merch fach, Nia, byddai Frances yn gwneud pwynt o wneud iddi deimlo'n gartrefol. Weithiau ar gyrsiau'r gymdeithas byddai Frances yn ein diddanu drwy ganu cadwyni o alawon gwerin, gan hunan-gyfelio ar ei thelyn euraid. Fy ffefryn i oedd 'Ar Lan y Môr'. Roedd ganddi lais fel angel, ac edrychai mor hardd yn ei gwisg brocêd gwyrdd golau.

Bûm am gyfnod yn drefnydd rhanbarthol ar gyfer y gymdeithas, fel Gaynor Lloyd a Christine Davies gynt. Y syniad oedd y byddem yn hyrwyddo ac annog dawnsio gwerin yn ein hardaloedd. Byddwn yn ymweld ag aelwydydd yr Urdd, ysgolion, ysbytai a grwpiau menywod lleol. Er bod hynny'n brofiad pleserus, roedd trefnu a hyfforddi dawnsiau ar gyfer eu perfformio ac ar gyrsiau cenedlaethol yn fwy at fy nant.

Y teulu dawnsio gwerin

Rwy'n hoffi meddwl am rai o'r bobl y cyfarfûm â nhw yn y 1960au cynnar fel aelodau'n o'n teulu dawnsio gwerin. Pobl fel Simon Haines, Emrys Davies, Dr Jack Thomas, Moira a Dewi Humphries, Anti Babs, Betty Davies ac Alex Hamilton, a llawer iawn mwy. Roedden nhw'n gymysgwch eang o swyddogion y gymdeithas, hyfforddwyr, aelodau

She brought goodies to the late-night social gatherings that were such an intrinsic part of society courses. She taught me how to make a perfect Victoria sponge which I still enjoy doing.

Our camping trips were fairly informal dancing holidays. The group leader would organise camp sites, itinerary, and of course obtain permission from the local constabulary to dance in public areas such as village greens, squares and main streets. Terry and I once joined some friends from the Llangollen Welsh folk dance group on a camping/dancing tour of the Llŷn Peninsula. It was very cold, and I think I wore every piece of clothing, except my costume, to keep me warm in my hard bed on the floor of the tent. Highlights of that tour for me included listening to Alex Hamilton singing the English folk song 'The Blackbird', and Terry's clogs getting so wet that they would not produce any sound. Note, do not wear your clogs around a wet campsite!

Another camping/dancing tour that stays in my mind was a trip to Cornwall with Parti Prifysgol Abertawe in the late 1960s. Terry and I had a large bell tent in the little trailer behind our Morris Traveller car. As we descended one of the many hills on the way, unfortunately one wheel came off the trailer and sailed down the hill in front of us. This considerably delayed our journey and we arrived at the campsite late in the evening. The group were anxiously waiting for the cooked turkey and apple tarts that I had prepared for us all!

It took us a couple of days to build up our confidence to begin dancing in the villages. At one venue we were joined in the set by a large St Bernard dog: just one of many strange extras over the years. We had Terry's grandmother's large cast iron 'crochan' with us, in which we cooked our one-pot meals. Every afternoon we had a picnic of scones, jam and cream, Cornish style. We even managed to dance at the spectacular, open-air Minack Theatre, which sits precariously on the edge of a cliff at Porthcurno.

Trips to the National and International Eisteddfod

We would frequently leave one festival or another to compete in the National Eisteddfod. In 1967, for example, we travelled from Cornwall up to the National Eisteddfod in Bala. Several of us rode with Elgan

timau dawns neu unigolion a chanddynt ddiddordeb mewn dawnsio gwerin. Roedd llawer ohonynt yn sylfaenwyr Cymdeithas Ddawns Werin Cymru. Byddai pawb yn edrych ymlaen at ddawnsio ar y cyrsiau blynyddol, y gwyliau dawnsio gwerin a'r eisteddfodau. Byddai'n rhaid i mi ysgrifennu tair cyfrol i'w disgrifio i gyd! Rwy'n credu bod rhaid gadael hanes y gymdeithas i rywun arall ei gofnodi. Roeddent mor gyfeillgar a chroesawgar a dysgais gymaint ganddynt, nid yn unig am ddawnsio gwerin Cymru ond am Gymru a'i diwylliant cyfoethog yn ogystal.

Roedd Betty yn berson llawn hwyl a sbort, a phan fyddai yn y car gyda Terry, fy nghyn-ŵr, byddai'n sgrechian yn uchel pan fyddai'n gwthio drwy rhyw fwlch cul gydag ond milimetrau yn sbâr ar bob ochr. Roedd 'Anti Babs', ar y llaw arall, yn gogyddes wych a byddai'n croesawu pawb i'w chartref yng nghyffiniau Llangollen. Byddai bob amser ddanteithion ganddi ar gyfer y nosweithiau cymdeithasol hwyr oedd yn gymaint rhan o gyrsiau'r gymdeithas. Dysgodd i fi sut i wneud sbwng Victoria berffaith – ac rwy i'n dal yn mwynhau ei choginio hyd heddi!

Doedd ein teithiau gwersylla yn ddim mwy na gwyliau dawnsio anffurfiol. Byddai arweinydd y grŵp yn gyfrifol am holl drefniadau'r daith gan gynnwys dewis y maes pebyll ac wrth gwrs sicrhau caniatâd yr heddlu lleol i ddawnsio mewn mannau cyhoeddus fel sgwâr y pentref neu'r brif stryd. Un tro ymunodd Terry â fi gyda rhai ffrindiau o dîm dawnsio gwerin Llangollen ar daith gwersylla a dawnsio ar hyd Penrhyn Llŷn. Roedd hi'n eithriadol o oer ac rwy'n credu i fi wisgo pob dilledyn oedd gen i, ar wahân i'm gwisg ddawnsio, i gadw'n gynnes yn fy ngwely caled ar lawr y babell. Uchafbwyntiau'r daith honno i mi oedd clywed Alex Hamilton yn canu'r gân werin Saesneg 'The Blackbird' a chlocs Terry yn gwlychu gymaint fel na fedrai gael unhryw sŵn allan ohonynt. Dalier sylw – peidiwch â gwisgo clocs pren o gwmpas gwersyll gwlyb!

Taith gwersylla a dawnsio arall sy'n aros yn y cof yw'r un i Gernyw gyda Pharti Prifysgol Abertawe yn y 1960au hwyr. Roedd gan Terry a minnau babell gloch fawr yn y treilar bach y tu ôl i'r Morris Traveller oedd gyda ni ar y pryd. Wrth i ni yrru i lawr un o'r bryniau niferus ar y daith honno, yn anffodus daeth un o'r olwynion oddi ar y treilar bach gan wibio i lawr y rhiw o'n blaenau. Arafodd hynny ein taith yn sylweddol a chyrhaeddon ni ddim y gwersyll tan yn hwyr iawn y noson honno. Roedd y grŵp yn aros yn eiddgar am y twrci rhost a'r darten 'falau roeddwn wedi eu paratoi ar ein cyfer ni i gyd!

James in his ancient jalopy and, throughout the journey, he could be heard muttering 'Ishe dŵr' or 'Ishe olew' (Need water/need oil) every few miles! Elgan was a mathematician and always wanted in our practice sessions to know exactly in what angular direction he should move, and exactly how much distance to cover. Teaching is a learning experience!

One of my favourite performances at a National Eisteddfod was at Swansea in 1982. We had two sets of 'Dawns Flodau' on the stage and had managed to intertwine the two for the entry. I had arrived at practice several weeks earlier and announced to the team that I'd had a dream about this entry. It was complicated to get across, so I had to begin at the end and work my way backwards to decide where we should start. By now the team were used to my unusual inspirations, and were happy to work hard and with a fair amount of humour and leg-pulling until I was satisfied that we had achieved what I had in mind. Anyway, it worked; the team and I were thrilled to win the competition. A week later I was having a major cancer operation, having told the surgeon that I couldn't possibly come in until after the National Eisteddfod!

Both Parti Prifysgol Abertawe and Tawerin also competed several times at the Llangollen International Eisteddfod. One year I was fortunate to spend the whole week there as a steward. During the 1960s, dancers and musicians had to be over the age of sixteen to compete at Llangollen. The numbers each team was allowed to have on stage was limited. When competing there or performing generally, Parti Prifysgol Abertawe, being a student team, started out with a simple inexpensive costume, skirts to the knee, white blouses and shawls for the girls, and shirts and britches for the boys. We gradually improved the costume and general presentation of the team. On one occasion we were placed fourth in a competition of over twenty international teams. We were complimented by Lucille Armstrong, a well-known and highly respected international adjudicator, for what she described as the high standard of our lively and natural dancing.

The emphasis at Llangollen was, and still is, on preserving a country's tradition in dance, music and costume. Lucille encouraged us to use the Welsh triple harp and the crwth as musical accompaniment.

Treulion ni rai dyddiau yn ceisio adeiladu hyder i ddechrau dawnsio yn y pentrefi. Mewn un man ymunodd ci St Bernard mawr â'r uned ddawnsio – dim ond un o'r ychwanegiadau rhyfedd dros y blynyddoedd. Roedd 'crochan' mawr, haearn, mam-gu Terry gyda ni a byddem yn coginio ein prydau bwyd ynddo. Pob prynhawn byddem yn cael picnic o sgonau jam a hufen Cernyw. Llwyddon ni hyd yn oed i ddawnsio yn theatr awyr agored drawiadol Minack, wedi ei hadeiladu yn y graig ym Mhorthcurno.

Ymeliadau â'r Eisteddfod - y Genedlaethol a'r Rhynglwladol

Byddem yn aml yn gadael rhyw ŵyl neu'i gilydd i gystadlu yn yr Eisteddfod Genedlaethol. Yn 1967, er enghraifft, teithiom o Gernyw i'r Eisteddfod Genedlaethol yn y Bala. Teithiodd sawl un ohonon ni yn hen gar Elgan James a bob rhyw filltir neu ddwy drwy gydol y daith gallwn ei glywed yn mwmian wrtho'i hun, 'Ishe dŵr' neu 'Ishe olew'. Mathemategydd oedd Elgan ac yn ein hymarferion byddai bob amser am wybod i ba gyfeiriad a pha union ongl roedd e fod i symud ac yn union faint o bellter roedd e fod i deithio. Mae hyfforddi yn brofiad dysgu i bawb!

Un o'm hoff berfformiadau mewn Eisteddfod Genedlaethol oedd yr un yn Abertawe yn 1982. Roedd gyda ni ddwy set o 'Ddawns Blodau' ar y llwyfan ac roedden ni wedi llwyddo i blethu'r ddwy i'w gilydd ar gyfer y mynediad. Roeddwn wedi cyrraedd un o'n hymarferion rai wythnosau ynghynt gan gyhoeddi i'r tîm fy mod wedi breuddwydio am y mynediad hwn. Roedd e braidd yn gymhleth i'w esbonio ac felly roedd yn rhaid i fi ddechrau ar y diwedd a gweithio fy ffordd yn ôl er mwyn penderfynu lle y dylem ddechrau. Erbyn hyn roedd y tîm yn hen gyfarwydd â'r pethau anghyffredin a fyddai'n fy ysgogi, a gweithion nhw'n ddyfal ac yn llawn hiwmor i wireddu'r hyn oedd gen i mewn golwg. Ta beth, fe weithiodd; roedd y tîm a minnau wrth ein boddau yn ennill y gystadleuaeth honno. Wythnos yn ddiweddarach roeddwn yn cael triniaeth gancr fawr ac wedi dweud wrth yr arbenigwr ei bod yn amhosibl i mi ddod mewn i'r ysbyty tan ar ôl yr eisteddfod!

Cystadlodd Parti Prifysgol Abertawe a Thawerin yn Eisteddfod Ryngwladol Llangollen sawl tro hefyd, a bues i'n ddigon ffodus i weithio yno am wythnos fel stiward un flwyddyn. Yn y 1960au roedd yn

She also suggested lengthening the girls' skirts and wearing more petticoats. In particular, Lucille was anxious for groups to wear a variety of similar costumes, just as in days gone by, rather than a uniform. She continually warned teams against incorporating ideas foreign to their own dance tradition.

Folk festivals home and abroad

WFDS summer festivals

Felicity Blake tells us, in her article in *Dawns 1974/75,*[26] that her mother Löis was delighted when the Urdd introduced non-competitive dancing at its Gŵyl Werin. During the latter half of the 1970s, the society instituted its own summer festival of folk dance: I was one of its ardent supporters. The festival was a weekend event, with school hall accommodation available. It was family orientated and well supported. I was delighted when the festival visited my hometown of Tenby, where some of us camped out in Church House situated next to the ancient church of St Mary's. I used to sing there in the choir as a teenager. When the festival of Gŵyl Ifan was established in Cardiff however, the society's own festival petered out. This was quite a loss, as the festival had moved around Wales, thus stimulating interest in Welsh folk dancing, whereas Gŵyl Ifan is static.

South Petherton

One festival that became a firm favourite for Parti Prifysgol Abertawe, and later Dawnswyr Tawerin (as we attended regularly over many years) was the South Petherton Folk Festival in Somerset. The village was the home of a very talented melodeon player, Ian Bryden, who played for Parti Prifysgol Abertawe. Ian's timing was so precise that there was no need for a metronome! The festival was friendly, and both the village and the people were charming. The only downside was that the village square, where all the teams danced, was on a considerable slope. It was excellent practice at maintaining the position of the sets!

rhaid i gerddordion a dawnswyr fod dros un ar bymtheg oed i gystadlu yn Llangollen. Roedd cyfyngiad ar y nifer o berfformwyr fyddai tîm yn cael gosod ar y llwyfan hefyd. Pan fyddem ni'n cystadlu yno, ac yn wir wrth berfformio'n gyffredinol, roedd gwisgoedd dawnsio Parti Prifysgol Abertawe yn syml a rhad, gan taw dim ond myfyrwyr oeddem ni – sgertiau i'r pen-glin, blowsen wen a siôl i'r merched a thrywsus pen-glin i'r bechgyn. Yn raddol gwellodd ein gwisg yn ogystal â'n cyflwyniad cyffredinol fel tîm. Un tro daethom yn bedwerydd ymhlith dros ugain o dimau rhyngwladol. Cawsom ein canmol yn fawr gan Lucille Armstrong, beirniad rhyngwladol adnabyddus ac uchel iawn ei pharch, am yr hyn a ddisgrifiodd fel safon uchel ein dawnsio bywiog, naturiol.

Yn Llangollen rhoddid pwyslais ar ddiogelu traddodiadau gwlad o ran dawns, cerddoriaeth a gwisg – ac mae'r egwyddor honno'n dal yn gryf yno heddiw. Anogodd Lucille Armstrong ni i ddefnyddio'r delyn deires a'r crwth yn gyfeiliant i'r dawnsiau. Awgrymodd hefyd y dylem ymestyn hyd ein sgertiau a gwisgo mwy o beisiau odditanynt. Roedd hi'n awyddus i'r grwpiau wisgo amrywiaeth o wisgoedd fel y byddai pobl 'slawer dydd, yn hytrach na phawb yn gwisgo'n 'unffurf'. Byddai'n rhybuddio timau'n barhaus i beidio ag ymgorffori syniadau estron i'w traddodiad dawnsio gwerin eu hunain.

Gwyliau Gwerin - Gartref a Thramor

Gwyliau haf Cymdeithas Ddawns Werin Cymru

Yn ei herthygl yn *Dawns 1974/75*,[26] dywed Felicity Blake fod ei mam, Löis, wrth ei bodd pan gyflwynodd yr Urdd ddawnsio di-gystadleuaeth yn eu gŵyl werin. Yn ystod ail hanner y 1970au, sefydlodd y gymdeithas ei gŵyl haf ei hun o ddawnsio gwerin – roeddwn i'n o'r cefnogwyr selog. Gŵyl penwythnos oedd hi gyda llety ar gael mewn neuaddau ysgol. Roedd yn ŵyl deuluol a châi ei chefnogi'n frwd. Roeddwn wrth fy modd pan ddaeth yr ŵyl i Ddinbych-y-Pysgod, fy nhref enedigol, a bu rhai ohonom yn gwersylla yn Nhŷ'r Eglwys yn ymyl eglwys hynafol y Santes Fair. Arferwn ganu yn y côr yno yn fy arddegau. Pan sefydlwyd Gŵyl Ifan yng Nghaerdydd yn ddiweddarach, daeth gŵyl y gymdeithas i ben yn raddol. Roedd hynny'n dipyn o golled gan fod yr ŵyl yn un a symudai o gwmpas Cymru gan ysgogi diddordeb mewn dawnsio gwerin, tra bod Gŵyl Ifan yn sefydlog yng Nghaerdydd.

Sidmouth

I also greatly enjoyed my visits to the Sidmouth Festival in south Devon with both Parti Prifysgol Abertawe and Tawerin. This was held during the same week as the National Eisteddfod in August. We would dance in Sidmouth at the beginning of the week, travel back to compete at the National, and return to Sidmouth for the final weekend and the torchlight procession. The Sidmouth Festival was very comprehensive, and included sessions for children, concert performances and evening dances. At the end of each day there was an informal late-night session of folk song and dance.

My daughter Nia always came with Terry, my first husband, and myself on folk dancing tours. I think she was about eighteen months old on her first visit to Sidmouth Folk Festival. I had made her a Welsh costume especially for the festival. Her 'betgwn' (bedgown) was of red, white and black Aberpergwm flannel, and she had a tiny red skirt with her frilly pants peeping below and a large white sun bonnet.

That year, in the parades, one of the overseas groups carried a pole with a group of dancing dollies on a platform at the top. When the bearer pulled the cord, the dolls would dance with a 'click-clack-click-clack' sound. Dai Williams, Tawerin, would often carry Nia on his shoulders in the processions and she would fall asleep resting against his head. However, the minute the dancing dollies joined the procession she would suddenly wake up. How she loved those dolls.

Nia was dancing before she was born! I was clog dancing in County Cork when I was pregnant with her. We also kissed the Blarney Stone! As a baby she slept to the accompaniment of Mozart's 'Horn Concerto No. 4'. Nia began ballet lessons at age three and continued for sixteen years. She was able to help me improve the posture and movement of the dancers when I began to teach Tawerin. In addition, several members of Tawerin had a broad interest in many forms of dance, and this knowledge helped to improve the quality of dancing for the whole team.

Nia, and also my son William five years later, grew up with the dance teams and benefited from all the help and social interaction given to them. When Nia was very young, Ann and Dai Williams, Tawerin, lived just down the road and would spend an evening with us

De Petherton

Gŵyl a dyfodd yn gryn ffefryn i Barti Prifysgol Abertawe, ac yn ddiweddarach Tawerin, gan i ni ei mynychu'n gyson dros nifer o flynyddoedd, oedd Gŵyl Werin De Petherton, Gwlad yr Haf. Roedd y pentref yn gartref i Ian Bryden, chwarewr melodian dawnus iawn, ac un o gyfeilyddion Parti Prifysgol Abertawe. Roedd amseru cerddorol Ian mor gywir, doedd dim angen metronom! Roedd yr ŵyl yn un gyfeillgar dros ben a'r pentre, fel ei phobl, yn hynod ddymunol. Yr unig broblem oedd bod sgwâr y pentref lle byddai'r timau i gyd yn dawnsio ar gryn lethr. Roedd yn ymarfer gwych o ran cadw lleoliad yr unedau dawnsio!

Sidmouth

Mwynheais yr ymweliadau â Gŵyl Werin Sidmouth, de Dyfnaint, gyda Pharti Prifysgol Abertawe a Thawerin yn fawr iawn. Cynhelid yr ŵyl hon yr un wythnos â'r Eisteddfod Genedlaethol ym mis Awst. Byddem yn dawnsio yn Sidmouth ar ddechrau'r wythnos, teithio'n ôl i gystadlu yn yr Eisteddfod Genedlaethol, ac wedyn heidio yn ein holau drachefn i Sidmouth ar gyfer y penwythnos olaf a'r orymdaith ffaglau fawr. Roedd Gŵyl Sidmouth yn un gynhwysfawr iawn gyda sesiynau ar gyfer plant, cyngherddau, a dawnsfeydd gyda'r nos. Ar ddiwedd pob diwrnod o'r ŵyl roedd sesiwn anffurfiol o ganu a dawnsio gwerin hyd berferddion!

Byddai Nia, fy merch, yn dod gyda Terry, fy ngŵr cyntaf, a minnau ar bob taith dawnsio gwerin. Rwy'n credu iddi fod tua deunaw mis oed pan ddaeth i Ŵyl Werin Sidmouth am y tro cynta. Roeddwn wedi gwneud gwisg Gymreig yn arbennig ar gyfer yr ŵyl iddi. Roedd ganddi fetgwn o frethyn coch, du a gwyn Aberpergwm, ac roedd ei sgert fach goch mor fyr roedd ffriliau gwyn ei dillad isaf yn dod i'r golwg! Roedd ganddi fonet haul mawr gwyn am ei phen. Yn y gorymdeithiau y flwyddyn honno roedd gan un o'r timau tramor bolyn uchel, ac ar ei ben roedd llwyfan fechan gyda nifer o ddoliau'n dawnsio arni. Pan roedd y cludwr yn tynnu'r cordyn byddai'r doliau'n dawnsio gan wneud sŵn 'clic-clac-clic-clac'. Byddai Dai Williams, Tawerin, yn aml yn cario Nia ar ei ysgwyddau wrth i ni orymdeithio ac yn ddieithriad byddai'n syrthio i gysgu gan bwyso yn erbyn ei ben. Ond yr eiliad byddai'r tîm gyda'r doliau dawnsio yn

from time to time. When Nia came downstairs the following morning, she would spot the glasses beside the sink and say, 'Ann and Dai have been'.

Winchester

Tawerin has made several trips to the Winchester Folk Festival. Before we were married my now husband, John Roberts, accompanied me on one visit to the Winchester Folk Festival. He had very little knowledge of folk dancing but enjoyed live music and other forms of dance. When we arrived at the evening venue there were two separate events. The first one we ventured into was a hugely popular Saturday night romp. The band was very loud, folk rock in style. After a little while I thought I would be more comfortable at the second venue, the dancers' dance you might call it, which was quieter and less crowded. However, I failed to appreciate how difficult it would be for John. I have vivid memories of the caller running up and down the set directing John and physically moving him around until he got used to the figures.

Winchester was one of Tawerin's favourite trips. We loved the ancient city, with its Buttercross and beautiful cathedral. The festival was well supported by the public. Whether we were dancing in front of the cross or outside the cathedral, large crowds showed their appreciation. On one occasion many Tawerin members lingered around the cross watching the other dance teams, prior to moving on for our next performance at the cathedral. No one realised that young Nia had been left behind, each group assuming that she was with the others. Fortunately, she had the presence of mind to follow another team to the cathedral where she knew we would be dancing.

However, when I think of the Winchester Folk Festival one experience always comes to mind. On the last evening there was a semi-formal concert where all teams performed one dance, before the riotous cèilidh commenced. I chose the court dance 'Abergenni' as a contrast to the lively dances we had performed during the day. You could hear a pin drop when my team danced the whole dance to the haunting sound of Mary Jo on the recorder – I still feel a shiver down my spine when I think of it. This triggers another similar memory.

ymuno â'r orymdaith byddai'n deffro'n sydyn. Roedd hi wrth ei bodd gyda'r doliau hynny.

Yn wir, roedd Nia yn dawnsio cyn iddi gael ei geni! Roeddwn i'n clocsio yn Swydd Corc pan roeddwn yn ei disgwyl hi. Wnaethon ni hyd yn oed rhoi cusan i Garreg y Blarney tra oeddem yno hefyd! Fel baban byddai'n mynd i gysgu i gyfeiliant 'Pedwerydd Concerto Cyrn' Mozart. Dechreuood Nia wersi balé pan oedd hi'n dair oed gan barhau tan iddi gyrraedd un ar bymtheg. Roedd hi'n gallu fy helpu i wella ystum corff a symudiadau cyffredinol y dawnswyr pan ddechreuais i hyfforddi Tawerin. Roedd gan nifer o aelodau Tawerin, yn ogystal, ddiddordeb eang mewn nifer o ffurfiau gwahanol o ddawns a chyfrannodd y wybodaeth honno at wella ansawdd y tîm cyfan. Tyfodd Nia i fyny gyda'r timau dawns gan elwa'n fawr o'r cymorth a'r rhyngweithio cymdeithasol a brofodd, yn union fel y gwnaeth ei brawd, William, bum mlynedd yn ddiweddarach. Pan roedd Nia yn ifanc iawn, roedd Ann a Dai Williams, Tawerin, yn byw lawr yr heol i ni a byddent yn treulio noson gyda ni o dro i dro. Pan ddeuai Nia lawr llawr fore trannoeth byddai'n gweld y gwydrau yn y gegin a chyhoeddi, 'Mae Ann a Dai wedi bod.'

Caer-wynt

Mae Tawerin wedi cymryd rhan yng Ngŵyl Werin Caer-wynt nifer o weithiau. Cyn i ni briodi, daeth John Roberts, fy ngŵr bellach, gyda fi i Ŵyl Caer-wynt un tro. Prin iawn oedd ei wybodaeth am ddawnsio gwerin ond roedd yn mwynhau cerddoriaeth fyw a mathau eraill o ddawnsio. Pan gyrhaeddon ni'r ganolfan ar gyfer gweithgareddau'r nos, roedd dau ddigwyddiad gwahanol ar gael. Roedd y cyntaf y mentron ni'n betrus iddo yn cynnig dawnsio bywiog, egnïol, ffwrdd â hi! Roedd y band uchel yn chwarae cyfuniad o gerddorieath gwerin-roc yn llawn asbri. Ymhen dipyn teimlais y byddwn yn fwy cyfforddus yn yr ail ddigwyddiad – efallai y gellid ei ddisgrifo fel mwy o ddawns y dawnswyr. Roedd tipyn llai o bobl yno, ac o ganlyniad roedd hi dipyn yn dawelach hefyd! Serch hynny, doeddwn i ddim wedi gwerthfawrogi pa mor anodd fyddai'r profiad i John. Mae gennyf atgofion byw iawn o'r galwr yn rhedeg i fyny ac i lawr yr uned yn cyfarwyddo John, a'i symud o gwmpas yn gorfforol, tan iddo gyfarwyddo â'r ffigyrau.

Gŵyl Caer-wynt oedd un o hoff wyliau Tawerin. Roeddem wrth ein

We were dancing the elegant 'Sweet Richard' on an extremely slippery floor during a preliminary competition at the Dyffryn Lliw National Eisteddfod in 1980. It was like dancing on ice and we tip-toed through the dance while the audience held its breath! Not a sound was heard but the music.

Yn Chruinnaght

Tawerin were invited several times to Yn Chruinnaght, the Celtic festival on the Isle of Man. There were competitions and displays of folk music, song and dance. On one trip we spent some time perfecting 'The Carousel' figure from my newly composed dance 'The Neath Fair', and were able to add the dance to our programme. At the end of the week, during the Sunday service, we were thrilled to listen to six Celtic languages. This was a great treat and an education for me.

We shared many Sunday services with our hosts on our dancing trips; they were quite delightful. On one memorable occasion in Brittany a young couple and a mature couple, after processing with us into the church, renewed their wedding vows. That afternoon, over a thousand dancers and musicians were given a hot meal in a large marquee in one of the fields. The organisers had dug a ditch at the far end of the field, and several large cauldrons of hearty soup were heated in fires along the ditch. The local men were in charge, all wearing large blue-and-white striped aprons.

Sometimes at these festivals we were given the opportunity to dance 'Meillionen' or 'Abergeni' during a church service, often to the sound of a single flute or recorder. Occasionally, we danced to a solo voice, which I particularly enjoyed. I also remember dancing 'Meillionen' at an open-air concert at Sidmouth to the sound of Eirlys Philips' lovely voice.

The Smotra Folklora International Festival

Tawerin was invited in 1985 by the British Council to represent Wales at the Smotra Festival. This festival was based in Zagreb in the then Yugoslavia, present-day Croatia. It was a truly memorable European visit. We enjoyed a week of parades, dancing events, and riding the tram to breakfast every morning. During the week we danced for all two hundred of the all-male, tram engineering workers, who

bodd gyda'r ddinas hynafol gyda'i 'Buttercross' a'i heglwys gadeiriol hardd. Byddai'r ŵyl yn cael ei chefnogi'n dda gan y cyhoedd. Pan fyddem yn dawnsio o flaen y groes neu'r eglwys gadeiriol, byddai'r dorf fawr yn barod iawn i ddangos eu gwerthfawrogiad. Ar un achlysur roedd rhai aelodau Tawerin wedi aros o gwmpas y groes i wylio'r timau eraill yn dawnsio, cyn symud at ein perfformiad nesaf o flaen yr eglwys gadeiriol. Doedd neb wedi sylweddoli bod Nia fach wedi cael ei gadael ar ôl, gyda phob grŵp o ddawnswyr yn meddwl ei bod gyda'r lleill. Yn ffodus, roedd ganddi ddigon o synnwyr cyffredin i ddilyn tîm arall i'r eglwys gadeiriol, gan ei bod yn gwybod ein bod yn dawnsio yno.

Serch hynny, pan fyddaf yn meddwl am Ŵyl Caer-wynt mae un profiad arbennig yn aros yn y cof. Ar y noson olaf, byddai'r timau i gyd yn perfformio un o'u dawnsiau mewn cyngerdd lled ffurfiol, cyn i'r twmpath hwyliog ddechrau. Dewisais y ddawns llys 'Abergenni' fel gwrthgyferbyniad i'r dawnsiau bywiog y buom yn eu perfformio yn ystod y dydd. Aeth y neuadd yn hollol ddistaw wrth i fy nhîm ddawnsio'r ddawns gyfan i sain hiraethus Mary Jo ar y recorder – rwy i'n dal yn teimlo ias i lawr fy nghefn bob tro rwy'n meddwl amdano! Mae'r profiad hefyd yn fy atgoffa am berfformiad tebyg arall. Roeddem yn dawnsio'r ddawns gain 'Sweet Richard' mewn rhagbrawf yn Eisteddfod Genedlaethol Dyffryn Lliw, 1980, ar lawr hynod o lithrig. Roedd e fel dawnsio ar iâ a symudon ni drwy'r ddawns ar flaenau ein traed, a'r gynulleidfa'n ofni anadlu bron! Yr unig sŵn i'w glywed oedd y gerddoriaeth.

Yn Chruinnaght

Gwahoddwyd Tawerin i Ŵyl Geltaidd Ynys Manaw yn Chruinnaght nifer o weithiau. Roedd yr ŵyl hon yn cynnwys cystadlaethau ac arddangosfeydd o gerddoriaeth, canu a dawsnio gwerin. Ar un o'r teithiau hynny treulion ni gryn amser yn perffeithio ffigwr 'Y Carwsel' o'r ddawns 'Ffair Castell Nedd' roeddwn newydd ei chyfansoddi. Llwyddon ni ychwanegu'r ddawns hon i'n rhaglen o ddawnsiau y tro hwnnw. Ar ddiwedd yr wythnos, braf oedd cael cyfle i wrando ar chwech iaith Geltaidd yn cael eu defnyddio yn y gwasanaeth ar fore Sul. Roedd hwn yn brofiad arbennig ac yn addysg i mi.

Roeddem yn ffodus i rannu gwasanaethau'r Sul ar lawer o'n teithiau dawnsio ac roeddent yn brofiadau hyfryd. Ar un achlysur cofiadwy

never wavered in their attention. Our informal street performances, sometimes of the strenuous fair dances, took place in temperatures of over ninety degrees Fahrenheit, all while dressed in Welsh flannel costumes! Helen Phillips reported losing half a stone!

The festival culminated in a grand concert for over two thousand people at the very grand Vatroslav Lisinski Concert Hall. The director spent two hours with all the teams practising the links between each performance, including both leaving and returning to our seats! Having satisfied himself that the evening would run smoothly, we were then given an opportunity to practise our own programme on the stage and under the hall's lights. During these practice links, I noticed that the girls from one team were having trouble sitting down. They were wearing beautiful crinoline-type, calf-length cotton skirts with layers of petticoats, which they had to flick up behind them when they wanted to take their seats.

For our performance I had chosen a programme of four fair dances for the team, namely 'Rali Twm Siôn', 'Dawns Blodau', 'Ceiliog y Rhedyn' and 'Gŵyl Ifan'. We were fortunate that we could incorporate the talents of Eleri Davies singing an unaccompanied Welsh folk song solo to give the dancers a few minutes to gather their breath between such an energetic set of dances. Her clear soprano voice soared through the silent hall. It thrilled the audience, as did the haymaking clog dance she performed with Darrell Hurtt, complete with old farming implements that she had brought with her from Wales. When Darrell took a rest to enjoy the picnic basket Eleri had brought him, as part of the dance, the audience were in uproar when he cheekily took out a bottle of the local beer and toasted them!

After our own performance that evening we were able to enjoy all the other dance teams, joining together for a big twmpath in the foyer. Only then, at the end of very long, tiring yet invigorating day, in soaring temperatures, were we able to have something to eat! A striking aspect of the performance at the Lisinski was that the audience would spontaneously break into applause in the middle of the dance if they liked a particular figure. They had obviously understood the dance and appreciated the skills involved.

yn Llydaw gwelsom un pâr ifanc ac un pâr priod dipyn yn hŷn yn adnewyddu eu haddunedau priodas ar ôl gorymdeithio gyda ni i mewn i'r eglwys. Y prynhawn hwnnw ymgasglodd dros fil o ddawnswyr a cherddorion mewn pabell enfawr yn un o'r caeau i gael pryd o fwyd cynnes. Roedd y trefnwyr wedi palu ffos ym mhen pellaf y cae ac yn cynhesu sawl crochan enfawr o gawl twym dros danllwyth o dân. Y dynion lleol mewn ffedogau mawr, streipiog gwyn a glas oedd yn coginio a gweini.

Weithiau yn y gwyliau hyn byddem yn cael cyfle i ddawnsio 'Meillionen' neu 'Abergenni' mewn gwasanaeth eglwys, yn aml gyda dim ond ffliwt neu recorder i gyfeilio. Yn achlysurol byddem yn dawnsio i gyfeiliant llais, profiad roeddwn yn ei fwynhau'n fawr. Cofiaf hefyd ddawnsio 'Meillionen' mewn cyngerdd awyr agored yn Sidmouth un tro i gyfeiliant llais hyfryd Eirlys Phillips.

Gŵyl Ryngwladol Smotra Folklora

Yn 1985, cafodd Tawerin wahoddiad gan y Cyngor Prydeining i gynrychioli Prydain yng Ngŵyl Ryngwladol Smotra Folklora, yn ninas Zagreb yn yr hen Iwgoslafia, bellach yng Nghroasia. Roedd hon yn wir yn daith Ewropeaidd i'w chofio. Cawsom wythnos gyfan o ddigwyddiadau gwych – gorymdeithiau, digwyddiadau dawnsio a theithio ar y tram i frecwast bob bore. Yn ystod yr wythnos hefyd dawnsion ni i gynulleidfa o dros ddau gant o ddynion yn unig – yn weithwyr a pheiriannwyr y tramiau – roedd eu canolbwyntio ar y perfformiadau yn rhyfeddol. Byddai ein perfformiadau anffurfiol ar y stryd yn aml yn cynnwys nifer o ddawnsiau ffair egnïol, mewn tymheredd o dros naw deg gradd, a ninnau'n gwisgo brethyn! Does ryfedd i Helen Phillips nodi iddi golli hanner stôn o bwysau!

Uchafbwynt yr ŵyl hon oedd y gyngerdd fawreddog i dros ddwy fil o bobl yng ngwychder rhyfeddol Neuadd Gyngerdd Vatroslav Lisinski. Treuliodd y cyfarwyddwr ddwy awr gyfan gyda'r timau yn ymarfer sut roedd un tîm yn gadael y llwyfan a'r un nesaf yn ymddangos. Roedd hyd yn oed angen i ni ymarfer gadael a dychwelyd i'n seddau cyn ac ar ôl perfformio! Wedi ei fodloni y byddai'r noson yn llifo'n ddibroblem, rhoddodd gyfle i ni ymarfer ein rhaglen ein hunain ar y llwyfan ac o dan oleuadau mawr y neuadd. Yn ystod yr ymarferion hyn sylwais fod merched un tîm yn cael anhawster i eistedd. Gwisgent sgertiau cotwm

America

Parti Prifysgol Abertawe were invited to dance in America in 1970. I was expecting my daughter Nia at the time and could not travel with them. After graduating from University College of Wales, Swansea, many members of Parti Prifysgol Abertawe moved away and started their own teams. Those still in the Swansea area formed the group Dawnswyr Tawe. This group later formed the foundation of Tawerin, who enjoyed two further successful dance tours in America; one on the east coast and one on the west, inviting several dancing friends to accompany them. The first tour was in 1981 and organised by Hywel Thomas, one of the Parti Prifysgol Abertawe musicians. He had visited America with the original team and later returned and indeed settled in Buffalo. Tawerin had a very warm welcome by Welsh societies and families with links to Wales. They were also enthusiastically welcomed by the large audiences wherever they danced.

Tawerin were invited to perform at the 1990 Rexburg International Folk Dance Festival in Idaho. The organisers had seen the team dance in a festival in Mechelen, Belgium, the year before. Once again, the American audiences gave them an exceptional welcome. Dai Williams, the team chair, was delighted to see many newspaper articles about the festival refering to the high quality of Tawerin's dancing and the joy in their lively performances.

Regrettably, although having prepared the team for these tours, I was unable to join them. I did, however, receive an invitation to teach at the prestigious American Song and Dance Society's Massachusetts's summer camp in August 1984. The invitation arose after some of the organisers had enjoyed seeing Tawerin dancing during their earlier visit in 1981. They were especially impressed and excited after seeing them dance 'Rali Twm Siôn'.

My daughter Nia, then fourteen, came with me to Massachusetts to look after me! I was asked to teach some of the fair dances and some clog dancing. I had several different groups, but sadly due to a misunderstanding I was not given a large enough group for 'Rali Twm Siôn'. Towards the end of the week the groups were asked to demonstrate a dance they had learned. One of my classes chose to dance 'Gŵyl Ifan'. They were dressed in the Welsh flannel costumes

hardd dros y ben-glin a oedd yn edrych yn debyg i grinolin, ac oddi tanynt roedd haenau di-ri o beisiau. Roedd yn rhaid iddynt eu codi i fyny yn syth y tu ôl iddynt, fel wal, pan roedden nhw am eistedd.

Ar gyfer ein perfformiad roeddwn wedi dewis rhaglen o bedair dawns ffair, sef 'Rali Twm Siôn', 'Dawns Blodau', 'Ceiliog y Rhedyn' a 'Gŵyl Ifan'. Roeddem yn ffodus iawn i fedru galw ar ddoniau Eleri Davies i ganu alaw werin yn ddigyfeiliant tra roedd y dawnswyr yn cael munud neu ddau o seibiant rhwng y fath gyfuniad o ddawnsiau egnïol. Trawyd y neuadd fawr yn fud gan sain ei llais soprano clir yn hedfan i'r entrychion. Roedd y gynulleidfa wedi eu cyfareddu ganddi, fel gyda'r ddawns glocsio cywain gwair a berfformiodd hi'n ddiweddarach gyda Darrell Hurtt, gan ddefnyddio nifer o offer ffermio roedd hi wedi eu cludo'r holl ffordd o Gymru! Fel rhan o'r ddawns byddai Darrell yn cymryd seibiant o'r gwaith caled i fwynhau'r picnic roedd Eleri wedi dod iddo mewn basged. Ffrwydrodd y gynulleidfa i chwerthin a chymeradwyo pan eisteddodd yn esmwyth ar y llawr a thynnu o'r fasged botel o'r cwrw lleol ac amneidio 'Iechyd da' tuag atynt!

Ar ôl ein perfformiad y noson honno cawsom gyfle i fwynhau perfformiadau'r timau eraill cyn ymuno gyda'n gilydd ar gyfer twmpath fawr i bawb yng nghyntedd y neuadd – a dim ond wedyn, ar ôl diwrnod hir, blinedig ond hynod bleserus, mewn tymheredd eithriadol o uchel, y cawsom ein bwydo! Un nodwedd drawiadol o berfformio yn y Lisinski oedd clywed y gynulleidfa yn cymeradwyo yng nghanol dawns os oedden nhw'n gweld patrwm neu ffigwr roedden nhw'n ei hoffi. Roeddent yn amlwg wedi deall y ddawns ac am ddangos gwerthfawrogiad o sgiliau'r dawnswyr ar y pryd.

America

Gwahoddwyd Parti Prifysgol Abertawe i ddawnsio yn America yn 1970. Roeddwn i'n disgwyl Nia, fy merch, bryd hynny ac felly yn methu teithio gyda nhw. Yn ddiweddarach, wedi i bawb raddio, dechreuodd aelodau Parti Prifysgol Abertawe symud i ffwrdd i weithio gan ddechrau eu timau eu hunain. Serch hynny, roedd rhai o aelodau'r tîm wedi aros yng nghyffiniau Abertawe a sefydlu Dawnswyr Tawe, gan osod y sylfaen ar gyfer datblygiad dawnswyr Tawerin yn ddiweddarach. Mwynhaodd Tawerin ddwy daith lwyddiannus i daleithiau arfordirol dwyrain a gorllewin America yn y blynyddoedd wedyn, a gwahoddwyd rhai

that we had taken to show, and not the white dresses usually worn for this dance. After the display one of the girls remarked that, 'It must be very cold in Wales to be wearing this thick flannel.' My answer was that no matter what you wear, fast dances will always make you hot and breathless! A similar remark had been made to me on the first evening, after I had called many fast dances for the twmpath. I had chosen to call simple lively twmpath dances rather than the more complex dances that I had planned to use, as my terminology did not match theirs on this our first meeting! We soon began to understand each other.

In addition to teaching the dances, part of my brief was to give a lecture/demonstration on a favourite topic relating to Welsh folk dance. I chose to discuss the solo dance 'Morfa Rhuddlan' after showing a video of the dance. The provenance is controversial, as there is some doubt about the age of this dance. However, I thought it would be interesting to show how the story of the dance is linked to the history of the Welsh princes fighting the English invaders – a very important moment in our history. As a geologist, the link between the mountainous topography and the story of Wales' fight to regain independence has always fascinated me.

During the week one of the most striking features of the evening dances was the way the Americans had interpreted dances from the 'old country'. When dancing eighteenth-century longways dances, they swept down the dance floor with long elegant strides. It was wonderful to watch them and to dance with these very attentive partners. Their movements were very strong, so no 'mincing about' as Pat Shaw would say. The men added extra turns and twirls at every opportunity and the eye contact was continuous, almost too much for me, a reserved Welsh woman! The hall was one of several impressive open-sided buildings among the trees, all with beautiful sprung floors. Indeed, the whole camp was set in a woodland area which included two large lakes, suitable for swimming, and chalets for dancers. My visit was during the Anglo-American week, and the Welsh dances, especially the fair dances, were new to many.

The final evening of the week was the grand ball. However, when the humidity shot up, the girls were still able to wear their long dresses with hoops, but no petticoats. The boys settled for dress shirts, bow ties and shorts!

ffrindiau dawnsio eraill i ymuno â nhw. Trefnwyd y daith gyntaf i'r tîm yn 1981 gan Hywel Thomas, un o gerddorion Parti Prifysgol Abertawe. Roedd e'n gyfeilydd gyda'r tîm gwreiddiol a deithiodd i America, a dychwelodd yno'n ddiweddarach ac ymgartrefu yn Buffalo. Cafodd Tawerin groeso brwd iawn gan aelodau'r cymdeithasau Cymraeg yr ymwelwyd â nhw, yn ogystal â'r teuluoedd hynny a chanddynt gysylltiadau â Chymru. Roedd y croeso yr un mor dwymgalon gan y cynulleidfaoedd niferus ym mhob cyngerdd neu ddigwyddiad.

Yn 1990 gwahoddwyd Tawerin i ddawnsio yng Ngŵyl Werin Ryngwladol Rexburg yn Idaho. Daeth y gwahoddiad hwnnw wedi i'r trefnwyr weld Tawerin yn dawnsio mewn gŵyl werin ym Mechelen, Gwlad Belg, y flwyddyn cynt. Unwaith eto mawr oedd y croeso ac roedd Dai Williams, y cadeirydd, wrth ei fodd i weld nifer o erthyglau yn y papurau llcol yn canmol Tawerin am ansawdd uchel eu dawnsio, eu bywiogrwydd a'u perfformiadau egnïol, hwyliog.

Gwaetha'r modd, er i mi baratoi'r tîmau ar gyfer y teithiau hynny, fedrwn i ddim ymuno gyda'r naill daith na'r llall. Serch hynny, ces i wahoddiad i hyfforddi yng ngwersyll haf Cymdeithas Canu a Dawnsio Gwerin Massachusetts ym mis Awst 1984. Daeth y gwahoddiad hwn gan fod rhai o'r trefnwyr wedi mwynhau gweld Tawerin yn dawnsio ar eu hymweliad yn 1981. Roeddent yn llawn edmygedd ac yn wir, wedi eu cyffroi, yn enwedig gan eu perfformiad o 'Rali Twm Siôn'.

Daeth fy merch, Nia, a oedd yn bedair ar ddeg ar y pryd, i Massachusetts hefyd i edrych ar fy ôl i! Gofynnwyd i mi hyfforddi rhai o'r dawnsiau ffair ynghyd â pheth camau clocsio. Roedd sawl grŵp gwahanol gen i, ond yn anffodus, drwy gamddealltwriaeth, doedd gen i ddim grŵp digon mawr i allu hyfforddi 'Rali Twm Siôn'. Tua diwedd yr wythnos gofynnwyd i bob grŵp arddangos dawns roedden nhw wedi'i dysgu. Dewisodd un o'm grwpiau ddawnsio 'Gŵyl Ifan'. Roedden nhw'n gwisgo'r gwisgoedd brethyn roedden ni wedi eu cludo gyda ni ar gyfer eu harddangos, yn hytrach na'r ffrogiau gwyn sydd, fel arfer, yn cael eu gwisgo ar gyfer y ddawns hon. Ar ôl yr perfformiad, meddai un o'r merched, 'It must be very cold in Wales to be wearing this thick flannel.' Fy ateb oedd nad oes dim gwahanieth beth fyddwch chi'n ei wisgo, bydd dawnsiau cyflym bob amser yn gwneud i chi deimlo'n dwym ac allan o wynt! Gwnaeth dawnsiwr arall sylw tebyg ar ôl i fi alw sawl dawns gyflym yn y twmpath ar fy noson gyntaf. Dewisais

Nia and I enjoyed the week enormously, from the formal classes and dances to the informal late-night sessions. We even joined in the Welly-throwing and melon-seed-spitting competitions, followed by tea with cucumber sandwiches. The most important facet for both of us was the exchange of culture, dances and song. Nia, being young, absorbed these like a sponge, and also excelled in all the challenges. We even had to sing 'Ar Hyd y Nos' (All through the night) as a duet, with Nia singing the descant.

Social dance groups

The following autumn, with my American visit fresh in my mind, I decided to start a social dance group, separate from Tawerin, so that I could continue to enjoy the longways dances of which I had become so enamoured. This venture turned into a formal evening class for a short while, but the group wanted to return to a more informal social evening of dancing. During my time with this group I was approached to write a folk dance course for students working towards the Duke of Edinburgh Award. I wrote different levels of the course to correspond to the different awards of bronze, silver and gold. Indeed, two girls came to the group for a period of about six months to learn Welsh folk dancing while working towards their award. This culminated in them teaching the group a new dance as part of their end-of-course assessment. When I moved from Swansea to the Welsh village of Llangennech, Carmarthenshire, in 1997, this social dancing group continued. Rosemary Blyth, one of the members, took over as leader and has so far notched up thirty-six years! Several members continued dancing past their ninetieth year!

Rosemary was also able to support my Llangennech social dance group when we moved to Gloucester in 2009 to help with babysitting duties for my son's three young boys. One of the members, Eleri Davies, took over the teaching, with occasional help from Rosemary. The Llangennech dancers continued for over ten years, only to be interrupted by Covid-19 in 2020.

alw dawnsiau twmpath syml, bywiog, yn hytrach na'r dawnsiau mwy cymhleth roeddwn wedi bwriadu eu defnyddio gan nad oedd fy nherminoleg dawnsio i a nhw yn cyfateb wrth i ni gyfarfod am y tro cyntaf. Ond daethom i ddeall ein gilydd yn gyflym iawn!

Yn ychwanegol i hyfforddi dawnsiau, rhan o'm dyletswyddau yn ystod yr wythnos oedd traddodi darlith neu ddarparu arddangosfa ar hoff bwnc mewn perthynas â dawnsio gwerin Cymru. Dewisiais drafod y ddawns unigol 'Morfa Rhuddlan' ar ôl dangos fideo o'r ddawns. Mae ei tharddiad yn un dadleuol gan fod peth amheuaeth ynglŷn â pha mor hen yw'r ddawns hon. Serch hynny, credais y byddai'n ddiddorol dangos sut y cysylltir stori'r ddawns gyda hanes tywysgoion Cymru yn ymladd yn erbyn y goresgynwyr Seisnig – cyfnod allweddol yn ein hanes fel cenedl. Fel daearegydd, mae'r cyswllt rhwng tirwedd fynyddig Cymru a hanes ei brwydr i ad-ennill ei hannibyniaeth wedi fy niddori erioed.

Yn ystod yr wythnos, un o'r elfennau mwyaf trawiadol o'r dawnsfeydd gyda'r nos oedd sut roedd y dawnswyr Americanaidd wedi dehongli dawnsiau'r 'hen wlad'. Wrth berfformio dawnsiau uned hir y ddeunawfed ganrif, llifai'r dawnwyr i lawr y neuadd ddawns gyda chamau hir, urddasol. Roedd yn wych i'w gwylio ac i ddawnsio gyda chymheiriaid oedd yn rhoi gymaint o sylw i chi. Roedd eu symudiadau yn gadarn iawn – dim 'cerddetian mursennaidd' chwedl Pat Shaw. Byddai'r dynion yn manteisio ar bob cyfle i ehangu eu symudiadau gyda thro ychwanegol hwnt ac yma, a byddent yn cadw cyswllt llygaid gyda'u cymheiriaid yn barhaus – bron yn ormodol i mi, Cymraes dawel, ddiymhongar! Roedd y neuadd ddawns yn un o sawl adeilad trawiadol yng nghanol y coed. Roeddent yn agored ar y pedwar ochr a phob un â llawr pren gwych, tebyg i gampfa, oedd yn arbennig ar gyfer dawnsio. Yn wir, lleolid yr holl wersyll mewn ardal goediog hardd gyda dau lyn addas ar gyfer nofio, ac roedd cabanau gwyliau i'r dawnswyr. Roedd fy ymweliad i yn ystod yr wythnos Eingl-Americanaidd, ac roedd y dawnsiau o Gymru, yn enwedig y dawnsiau ffair, yn newydd i lawer.

Ar y noson olaf cynhaliwyd dawns fawreddog ond roedd lefel y lleithder wedi cynyddu'n sylweddol. Roedd y merched yn dal yn gallu gwisgo eu ffrogiau hir gyda'r cylchoedd oddi tanynt, ond heb y peisiau trwm. Serch hynny, penderfynodd y dynion doedd dim amdani ond gwisgo crys ffurfiol, dici-bo a siorts!

In praise of musicians

I am extremely grateful to all the musicians who have played and sung for us over the years. They are so patient with dance teams during practice, when required to play the same phrase of music over and over, often with minute variations in speed. Dancers are not always as polite as they should be when struggling to match the pace of music to their steps! The other problem on practice night is, of course, having the correct number of dancers present for the dances you plan to teach. One of our dancers, Mary Jo (MJ) Searle, who was also a musician, would often dance 'Meillionen' while playing the recorder at the same time. MJ was brought up in a musical family immersed in folk music. When she came to study at Swansea, she became a valued member of Parti Prifysgol Abertawe. She gave me notes on dance rhythms, which I have included in the back of this book, as they were so useful to me – my knowledge of music theory was sadly lacking.

Over the years Tawerin has been fortunate to have had excellent musicians, too numerous to name. The team and I are greatly indebted to them all for their commitment over the years, even though some were still school children when they joined us. Currently, the team is lucky to have another very talented group of musicians, including Rachel Bidder on the flute, and five members of the Lloyd family: Sara, her husband Geraint and their three children, Mared, Carwyn, and Tanwen. I remember each of them coming to practise with their parents as they became old enough, and each one, in turn, curling up in Sara's accordion box when tired.

Dancing at the National Botanic Garden of Wales, 2000

The year 2000 was a busy one as everyone was in the mood to celebrate the new millennium. John and I were in Cheshire with Nia on that exciting New Year's Eve, and I was thrilled to see the TV programmes covering the millennia celebrations sweeping across the world.

Welsh dance celebrations were held throughout Wales, including

Mwynhaodd Nia a minnau'r wythnos yn fawr, o'r dosbarthiadau a'r dawnsiau ffurfiol i'r sesiynau hwyrnos anffurfiol. Ymunon ni'n dwy'n frwd yn y cystadlaethau 'Taflu Wellington' a 'Phoeri Hadau Melon' – a mwynhau'r te a brechdanau ciwcymbr wedyn! Yr agwedd fwyaf arbennig i'r ddwy ohonom oedd y cyfnewid o ran diwylliant, dawnsiau a chaneuon. Gan ei bod mor ifanc, amsugnodd Nia bopeth yn gyflym gan ragori ar bob her. Bu'n rhaid i ni hyd yn oed ganu 'Ar Hyd y Nos' fel deuawd, gyda Nia'n canu'r desgant!

Grwpiau dawnsio cymdeithasol

Yr hydref canlynol, gyda'r ymweliad ag America yn dal yn fyw yn y cof, penderfynais ffurfio grŵp dawnsio cymdeithasol, ar wahân i Tawerin, er mwyn gallu parhau i ddawnsio'r dawnsiau uned hir roeddwn wedi eu mwynhau gymaint. Trodd y fenter hon yn ddosbarth nos ffurfiol am gyfnod byr ond roedd y grŵp am ddychwelyd at noson gymdeithasol a mwy anffurfiol o ddawnsio. Yn ystod fy nghyfnod gyda'r grŵp hwn, cefais gais i baratoi cwrs dawnsio gwerin ar gyfer myfyrwyr oedd yn gweithio tuag at ennill Gwobr Dug Caeredin. Ysgrifennais lefelau gwahanol o'r cwrs i gyd-fynd gyda dyfarniadau efydd, arian ac aur y wobr. Yn wir, daeth dwy fyfyrwraig atom i'r grŵp cymdeithasol am gyfnod o chwe mis i ddysgu dawnsio gwerin. Rhan o'u hasesiad terfynol oedd hyfforddi'r grŵp i ddawnsio dawns newydd. Pan symudais o Abertawe i bentref Llangennech, Sir Gaerfyrddin, yn 1997, parhaodd y grŵp dawnsio cymdeithasol hwn i gyfarfod. Cymerodd Rosemary Blyth, un o'r aelodau, at yr awenau ac mae'r grŵp yn dal i fodoli heddiw, tri deg chwech o flynyddoedd yn ddiweddarach! Aeth rhai o'r dawnswyr ymlaen i ddawnsio ymhell heibio'u naw deg oed!

Pan symudon ni i Gaerloyw yn 2009 i gynorthwyo gyda'r gwaith o warchod tri mab bychan fy mab, William, roedd Rosemary wedi gallu cefnogi'r grŵp dawnsio cymdeithasol oedd gennyf yn Llangennech hefyd. Cymerodd Eleri Davies, un o'r aelodau, yr awenau, gyda chymorth achlysurol gan Rosemary. Parhaodd grŵp dawnsio Llangennech am dros ddeng mlynedd pellach nes i Covid-19 dorri ar eu traws yn 2020.

at the National Eisteddfod of Wales in Llanelli. The year 2000 was also memorable for the opening of the National Botanic Garden of Wales, which John and I were eagerly anticipating. We had walked the proposed muddy site with Bess, John's black labrador, many times. John was interested because his horticulture and special needs students from Carmarthenshire College would be involved in helping to plant the westerly shelter belt. However, I was excited by the thought of organising a day of Welsh folk dancing at the new garden. With support from the garden's management team, the Welsh Folk Dance Society and Lottery funding, the longed-for day was held on 8 July 2000.

On the evening of 7 July 2000 I was quite agitated. We were expecting fifteen adult groups and fourteen school groups to arrive at the Botanic Garden the next day, and the weather forecast was uncertain. I particularly wanted the children to see the adults dancing, as well as taking part themselves. It would show them that the dances they were learning at school were part of their own living tradition. Prior to the event we had visited many of the local schools to explain the programme and to give help where required. We received enthusiastic support from staff and pupils.

First thing in the morning there was a little rain, which cleared up before the opening procession. I was so thrilled and proud to see the Broadwalk full of dancers and musicians, all in national costume, walking up from the main entrance. Meeting them from the direction of the great glasshouse were all the excited and beautifully costumed children. In total there were well over six hundred dancers and musicians present that day, as well as many family supporters.

The procession flowed into Millennium Square where the main band was already striking up for the first dance. We all danced together for a short while, and then the various teams spread out around the garden – the children had their own spot in Millennium Square. The squeals of delight were a joy to hear. During the midday hours, adults and children were picnicking on the grass around the square, resting from their dance spot.

The day was more than I had hoped for, and more than fulfilled the expectation of the garden's events' organiser, Ceri Llewelyn. Initially,

Abel Rees, Dawnswyr
Talog Dancers
© Alan Maxwell

Hywel Wood
Llun / Photo: Welsh Folk Dance Society / Cymdeithas Ddawns Werin Cymru

Tudur Phillips, Talog
© John Roberts

Cerian Phillips, Talog
© John Roberts

Aunty Jessie – Mrs Jessie Williams (1902–2002)

Mansell Phillips and young William enjoying a laugh at Singleton Abbey

Mansell Phillips a William, yn blentyn, yn mwynhau rhannu jôc yn Abaty Singleton

Tawerin rehearsing for a trip to America, 1981, at Singleton Abbey. Richard Hopkins leaping in the 'Grasshopper Dance'. Mavis in the foreground

Tawerin yn ymarfer yn Abaty Singleton wrth baratoi ar gyfer taith i America, 1981. Richard Hopkins yn neidio yn y ddawns 'Ceiliog y Rhedyn'. Mavis tu blaen

Tawerin after winning the main dance competition at the National Eisteddfod, Swansea, 1982

Tawerin, ar ôl ennill y brif gystadleuaeth ddawnsio gwerin yn Eisteddfod Genedlaethol, Abertawe, 1982

Tawerin with guest musicians, Gruffydd and Sian Jones, 1984

Tawerin gyda'u cerddorion gwadd, Gruffydd and Sian Jones, 1984

Tawerin at Weobley Castle, north Gower
Tawerin yng Nghastell Weobley, gogledd Gŵyr

Tawerin with Cicily Howells who composed the set dance 'Pont Cleddau'
Tawerin gyda Cicily Howells, cyfansoddwraig y ddawns osod 'Pont Cleddau'
Llun / Photo: Welsh Folk Dance Society / Cymdeithas Ddawns Werin Cymru

Mared Lloyd and Rachel Bidder, Tawerin musicians

Mared Lloyd a Rachel Bidder, cerddorion Tawerin

© Alan Maxwell

Massed dancing and Dawnswyr Caernarfon, in the Millennium Square, National Botanical Garden of Wales, 2005

Dawnsio torfol a Dawnswyr Caernarfon, yn Sgwâr y Mileniwm, Gardd Fotaneg Genedlaethol Cymru, 2005

© John Roberts

Musicians and children, Day of Dance, 2005

Cerddorion a phlant, Diwrnod Dawns, 2005

© John Roberts

Youngsters practising with Aron Defis, 2005

Plant ifanc yn ymarfer gydag Aron Defis, 2005

© John Roberts

Meinir Morgan surrounded by excited children, 2005

Meinir Morgan gyda'r plant cyffrous o'i chwmpas, 2005

© John Roberts

Mavis and John, with Tawerin, 2007
Mavis a John, gyda Tawerin, 2007

'Metal Mave', created by sculptor Dave Petersen, arrived with Tawerin the night before Mavis and John's wedding, 2007
Cyrhaeddodd Tawerin y noson cyn priodas Mavis a John gyda 'Metal Mave', a grewyd gan y cerflunydd Dave Petersen, 2007

Processing to the Great Glasshouse for the wedding ceremony, 2007

Gorymdeithio tuag at y Tŷ Gwydr Mawr ar gyfer y seremoni briodas, 2007

The ceremony in the Great Glasshouse, 2007

Y seremoni yn y Tŷ Gwydr Mawr, 2007

Three dancers from Dawnswyr Glan Cleddau, 'going home', National Botanical Garden of Wales, 2007

Tri o ddawnswyr Glan Cleddau, yn 'troi am adre', Gardd Fotaneg Genedlaethol Cymru, 2007

© John Roberts

Karen Grayson inspecting the girls' costumes at the Aberaeron festival, July 2008

Karen Grayson yn archwilio gwisg y merched yng ngŵyl Aberaeron, Gorffennaf 2008

© John Roberts

Tawerin at Aberaeron festival, July 2008

Tawerin yng ngŵyl Aberaeron, Gorffennaf 2008

© John Roberts

Dawnswyr Penfro, young and older members, 2004

Dawnswyr Penfro, aelodau hen ac ifanc, 2004

© John Roberts

Mavis teaching Welsh folk dancing at Llangennech Community Centre, 2009

Mavis yn hyfforddi dawnsio gwerin yng Nghanolfan Gymunedol Llangennech, 2009

© John Roberts

Dancers from Sweden, Llangennech Day of Dance, 2009

Dawnswyr o Sweden, Diwrnod Dawns Llangennech, 2009

© John Roberts

Dancers from Karelia, practising in the car park, Llangennech Day of Dance, 2009

Dawnswyr o Karelia, yn ymarfer yn y maes parcio, Diwrnod Dawns Llangennech, 2009

© John Roberts

Mared clog-dancing

Mared yn gwneud y ddawns glocsio

© Alan Maxwell

Members of Ceffyl Gwyn enjoying the sunshine at Barafundle Bay, south Pembrokeshire. Later they danced the dance 'Pont Cleddau', composed by Cicily Howells. She had watched the building of the Pont Cleddau bridge from her home in Pembroke Ferry. As a young girl, Mavis crossed the Cleddau River on the car ferry with her father

Aeolodau Ceffyl Gwyn yn mwynhau'r heulwen ym Mae Barafundle, de Sir Benfro. Yn ddiweddarach mi wnaethon nhw ddawnsio y ddawns 'Pont Cleddau', a gyfansoddwyd gan Civily Howells. Fe wnaeth hi weld Pont Cleddau yn cael ei hadeiladu o'i chartref yn Pembroke Ferry. Yn ferch ifanc, byddai Mavis a'i thad yn croesi'r Afon Cleddau ar y fferi geir

© John Roberts

Betty Rout and Derek Mason, Gloucester Folk Dance group, at their annual garden party, 2012

Betty Rout a Derek Mason, Grŵp Dawnsio Gwerin Caerloyw, yn eu parti gardd blynyddol, 2012

© John Roberts

Dancers, musicians and children entertaining the public in the shadow of Pembroke Castle, birthplace of Henry VII, overlooked by his statue, 2019

Dawnswyr, cerddorion a phlant yn diddanu'r cyhoedd yng nghysgod Castell Penfro, man geni Harri VII, gyda'i gerflun yn gwylio drostynt, 2019

© Alan Maxwell

Tawerin in perfect time, with Hoffedd ap Hywel, Pembroke Town Hall, 2019

Tawerin, mewn amser perffaith, gyda Hoffedd ap Hywel, Neuadd y Dref, Penfro, 2019

© Alan Maxwell

Past president Mrs Jean Huw Jones, with long-term members of the WFDS: Ann Williams, Eirlys Phillips and Lona Jones at the Vale Resort Hotel, 2019

Y cyn-lywydd Mrs Jean Huw Jones, gydag aelodau hir-dymor CDdWC: Ann Williams, Eirlys Phillips a Lona Jones yng Ngwesty y Vale, 2019

© John Roberts

Three generations of Dawnswyr Talog, Pembroke Town Hall, 2019

Tair cenhedlaeth o Ddawnswyr Talog, Neuadd y Dref, Penfro, 2019

© Alan Maxwell

Mavis in creating mode, 2009

Mavis wrthi'n creu, 2009

© John Roberts

Ann and Dai Williams helping Mavis sort out the dance 'Llwybrau'r Ardd', 2012

Ann a Dai Williams yn trafod y ddawns 'Llwybrau'r Ardd', 2012

Mavis in creating mode, 2012

Mavis wrthi'n creu, 2012

© John Roberts

Tenby festival, Nia and William, with friend Christopher Cone, playing at Castle Sands during a break in the dancing

Gŵyl Dinbych-y-Pysgod, Nia a William, gyda'u ffrind Christopher Cone, yn chwarae yn Castle Sands yn ystod egwyl yn y dawnsio

Grandsons Ethan, Luke and Isaac Williams at Tenby harbour where granny Mavis played as a child

Yr wyrion Ethan, Luke ac Isaac Williams yn harbwr Dinbych-y-Pysgod lle bu mam-gu Mavis yn chwarae'n blentyn

Canu clodydd cerddorion

Rwy i mor ddiolchgar i'r holl gerddorion a chantorion sydd wedi cyfeilio a chanu i ni dros y blynyddoedd. Mae cerddorion sy'n cyfeilio i dimau dawnsio mor amyneddgar yn ystod ymarferion. Yn aml mae galw arnynt i adrodd yr un pedwar neu bump bar o gerddoriaeth drosodd a thro, weithiau heb ddim ond yr amywiaeth lleiaf mewn tempo. Nid yw dawnswyr bob amser mor gwrtais ag y dylen nhw fod ychwaith wrth iddynt stryffaglio i asio'u camau i dempo'r gerddoriaeth! Problem arall ar nosweithiau ymarfer, wrth gwrs, yw cael y nifer cywir o ddawnswyr ar gyfer y dawnsiau rydych am weithio arnynt. Roedd Mary Jo (MJ) Searl, un o ddawnswyr Tawerin, hefyd yn gerddorwraig a byddai'n aml yn dawnsio 'Meillionen' ac yn chwarae'r recorder ar yr un pryd. Cafodd MJ ei magu mewn teulu cerddorol a chafodd ei thrwytho mewn cerddoriaeth werin o oed ifanc iawn. Pan ddaeth i'r brifysgol yn Abertawe, tyfodd yn aelod gwerthfawr iawn o Barti Prifysgol Abertawe. Rhoddodd MJ nodiadau i fi ar rythmau dawns ac rwy i wedi eu cynnwys yng nghefn y llyfr hwn, oherwydd roeddent mor ddefnyddiol i fi, gan nad oes gennyf wybodaeth ddigonol am theori cerddoriaeth.

Dros y blynyddoedd mae Tawerin wedi bod yn ffodus iawn i gael gwasanaeth cerddorion ardderchog, yn anffodus yn rhy niferus i'w henwi i gyd yn y fan hon. Rwy i a'r tîm cyfan yn ddyledus iawn iddynt am eu hymroddiad dros gyfnod o flynyddoedd er bod rhai ohonynt yn dal yn blant ysgol pan ddaethant i ymuno â'r tîm. Ar hyn o bryd mae'r tîm yn ffodus iawn i gael grŵp talentog arall o gerddordion gan gynnwys Rachel Bidder ar y ffliwt, ynghyd â phum aelod o'r un teulu – Sarah Lloyd, ei gŵr Geraint, a'u tri o blant, Mared, Carwyn a Tanwen. Rwy'n cofio'r tri yn eu tro yn dod i'r ymarferion gyda'u rhieni yn ifanc iawn, a phob un yn dilyn yr un arfer o gwtsio mewn i focs acordian Sarah i fynd i gysgu pan roedden nhw wedi blino!

Dawnsio yn yr Ardd Fotaneg Genedlaethol, 2000

Roedd y flwyddyn 2000 yn un brysur a phawb yn awyddus i ddathlu dyfodiad y mileniwm newydd. Roedd John a minnau yn Swydd Gaerlleon gyda Nia y Nos Galan honno ac roeddwn wrth fy modd yn gwylio'r rhaglenni teledu yn darlledu dathliadau'r mileniwm oedd yn ysgubo drwy bob gwlad.

she was a little alarmed at the numbers we had promised, especially of youngsters! However, the children had a wonderful experience and were so well prepared by their teachers and so well behaved on the day that she was delighted. I think young and old had a good day and the society president, Mrs Jean Huw Jones, in her address, said, 'In the future, I will be able to say, I was there.'

Towards the end of the day, Dawnswyr Pen-y-Fai demonstrated 'Middleton Hall', a dance I had composed to mark the opening of the garden which had been created on part of the former Middleton Estate. As the last of the dancers were happily making their way back down the Broadwalk, we had a little refreshing rain.

To finish this memorable day, Nia, William, John and I, still dressed in our costumes, arrived at Saundersfoot harbour. There, in one of our favourite spots, we celebrated the day's success with a fish and chips supper!

The National Eisteddfod, 2000

After many months of hard work, the local dance committee were ready for the arrival of the National Eisteddfod at Sandy Water Park, Llanelli, in the first week of August. Welsh cakes were baked and stored ready for the dance pavilion, costumes made, and dancing displays prepared. My contribution to the week's dance activities was the presentation 'Rîl y Canrifoedd' (Reel of the Centuries), which told the history of Welsh dance across the centuries. We asked local schools and dance groups, including the Dance Kingdom where John and I first met, to help us create the scenes which we would perform in the dance pavilion during the week.

There are several folk dance competitions at the National Eisteddfod. The main competition is for Tlws Coffa Löis Blake. It was won by Tawerin when this special trophy, in honour of Löis, was first awarded at the Caernarfon a'r Cylch National Eisteddfod in 1979. One of the two set dances for the main dance competition in 2000 was 'Cestyll yr Arglwydd Rhys' (Castles of Lord Rhys), which I had composed for the 1996 National Eisteddfod in Llandeilo.

'Cestyll yr Arglwydd Rhys' is an enjoyable and exciting dance, and has an appropriate level of difficulty and challenge for this competition.

Cynhaliwyd dathliadau dawnsio ledled Cymru, gan gynnwys yn yr Eisteddfod Genedlaethol yn Llanelli. Roedd y flwyddyn 2000 yn gofiadwy hefyd oherwydd dyna pryd yr agorwyd Gardd Fotaneg Genedlaethol Cymru, ac roedd John a minnau'n edrych ymlaen yn arw at hynny. Roeddem wedi cerdded y safle arfaethedig mwdlyd gyda Bess, labrador du John, droeon. Roedd gan John ddiddordeb pellach oherwydd byddai'r grŵp o fyfyrwyr angenion dysgu ychwanegol oedd ganddo yng Ngholeg Caerfyrddin yn astudio garddwriaeth, yn cymryd rhan yn yr adeiladu hefyd drwy helpu i blannu'r ardal gysgodol yn nwyrain yr ardd ei hun. Roeddwn innau, ar y llaw arall, yn gyffrous wrth feddwl am drefnu diwrnod o ddawnsio gwerin yn yr ardd newydd. Gyda thipyn o gefnogaeth gan dîm rheoli'r ardd, Cymdeithas Ddawns Werin Cymru a Chronfa'r Loteri, cynhaliwyd y diwrnod hirddisgwyliedig ar 8 Gorffennaf 2000.

Y noson cynt, sef 7 Gorffennaf 2000, roeddwn braidd yn aflonydd. Roeddem yn disgwyl pymtheg tîm o oedolion a phedwar tîm ar ddeg o blant ysgol i gyrraedd yr Ardd Fotaneg i ddawnsio trannoeth ac roedd y rhagolygon yn addo tywydd ansefydlog. Roeddwn yn benodol am i'r plant weld yr oedolion yn dawnsio yn ogystal â chymryd rhan eu hunain. Byddai'n dangos iddynt fod y dawnsiau roeddent yn eu dysgu yn yr ysgol yn rhan naturiol o'u traddodiad byw nhw eu hunain. Cyn y digwyddiad, roeddem wedi ymweld â nifer o'r ysgolion lleol i esbonio'r rhaglen ac i gynnig unrhyw gymorth oedd ei angen. Cawsom gefnogaeth frwd gan staff a disgyblion.

Ben bore trannoeth roedd ychydig o law ond fe gliriodd hwnnw cyn yr orymdaith agoriadol. Teimlais don o hapusrwydd a balchder yn llifo drosof wrth weld y Rhodfa yn llawn dawnswyr a cherddorion, yn eu gwisgoedd traddodiadol yn cerdded yn frwdfrydig i fyny o'r brif fynedfa. Yn dod i'w cyfarfod o gyfeiriad y tŷ gwydr mawr roedd y plant i gyd wedi eu gwisgo'n hyfryd a'u cyffro yn amlwg i bawb. Roedd ymhell dros chwe chant o ddawnswyr a cherddorion yn bresennol y diwrnod hwnnw, heb sôn am y cefnogwyr teuluol niferus.

Llifodd yr orymdaith i mewn i Sgwâr y Mileniwm lle roedd y prif fand eisoes wedi dechrau chwarae ar gyfer y ddawns gyntaf. Dawnsiodd pawb gyda'i gilydd i ddechrau ac yna aeth y timau amrywiol i berfformio mewn ardaloedd gwahanol o'r ardd. Roedd gan y plant eu

It was very well performed by both Dawnswyr Talog, taught by Eirlys Phillips, and by Tawerin, taught by T Anne Morris. Tawerin came up to our bungalow for a late supper. We celebrated our win in the usual way by watching a recording of the competition and the very complimentary adjudication given by Owen Huw. It was a double celebration as Tawerin musicians had won the competition for the best accompanying band of the week.

The Botanic Garden, 2005

Following the inaugural Day of Dance in 2000, the Botanic Garden has continued to support this celebration of Welsh folk dance. In 2005 we organised another Day of Dance there with guest groups including the Bath Minuet Dancers, the Old-Time Dance group from Builth Wells and a group of Cornish dancers. Gradually, more groups from outside Wales were invited by Bobbie and Dafydd Evans of Dawnswyr Llanarthne who became the event's organisers. Regretfully, the schools were not able to maintain a large presence with so many other calls on their time, although children continued to attend with family or with teams. In 2019, Dawnswyr Talog brought their young dancers and gave a magnificent display in the Stable Block Courtyard, with three generations of the same family dancing together.

The Botanic Garden, 2007

John and I were able to organise one more major Day of Dance at the garden on 16 June 2007 before we left for Gloucester. We were planning our wedding and decided that holding it at the garden as part of a full day of dancing would be absolutely perfect. We had huge support from the Welsh teams and from dancers further afield. Once again, we were lucky with the weather; guests arriving reported rain in the vicinity but not a drop fell on us!

Teams danced in various areas around the garden from mid-morning. In the afternoon, John and I led a procession of dancers and musicians from the Millennium Square to the great glasshouse for the marriage ceremony at four o'clock. Family and friends were

lleoliad eu hunain yn Sgwâr y Mileniwm. Roedd clywed eu gwichian hapus yn bleser pur. Erbyn canol dydd roedd oedolion a phlant i'w gweld yn ymlacio rhwng perfformiadau ac yn mwynhau picnic ar y gwair o gwmpas y sgwâr.

I mi, roedd y diwrnod y tu hwnt i'm holl obeithion ac wedi mwy na bodloni disgwyliadau Ceri Llewellyn, trefnydd digwyddiadau'r ardd. I ddechrau roedd y niferoedd a grybwyllwyd gennym wedi codi tipyn o fraw arni – yn enwedig y niferoedd o blant. Ond cafodd y plant brofiad gwych – wedi eu paratoi mor arbennig gan eu hathrawon ac wedi ymddwyn mor dda, ac roedd Ceri wrth ei bodd. Rwy'n credu i'r hen a'r ifanc fwynhau diwrnod i'r brenin a chlywid llywydd y gymdeithas, Mrs Jean Huw Jones, yn ei haraith yn datgan, 'Yn y dyfodol, byddaf yn gallu dweud – roeddwn i yno!'

Tua diwedd y dydd cafwyd perfformiad o'r ddawns 'Neuadd Middleton' gan Ddawnswyr Pen-y-Fai. Dawns a gyfansoddais i gofnodi agoriad yr ardd yw hon, gan iddi gael ei hadeiladu ar dir a berthynai yn wreiddiol i Ystad Neuadd Middleton. Wrth i'r dawnswyr olaf ymlwybro'n hapus lawr y Rhodfa, daeth cawod ysgafn o law i adfywio'r enaid a'r traed blinedig.

I gloi'r diwrnod bythgofiadwy hwn, heidiodd Nia, William, John a minnau i harbwr Saundersfoot, yn dal yn ein gwisgoedd dawnsio. Yno yn un o'n hoff fannau yn y byd, dathlon ni'r diwrnod llwyddiannus gyda swper o sglodion a physgod!

Eisteddfod Genedlaethol, 2000

Yn ddiweddarach yn y flwyddyn ac wedi misoedd lawer o waith caled, roedd y pwyllgor dawns lleol yn barod i groesawu'r Eisteddfod Genedlaethol i Barc Dŵr y Sandy, Llanelli, yn wythnos gyntaf mis Awst. Roedd y pice-ar-y-mân wedi eu gwneud a'u storio yn barod ar gyfer y neuadd ddawns, y gwisgoedd wedi eu gwneud a'r arddangosfeydd dawnsio wedi eu paratoi. Fy nghyfraniad innau i weithgareddau dawns yr wythnos oedd y cyflwyniad 'Ril y Canrifoedd' a oedd yn adrodd hanes dawnsio gwerin Cymru dros y canrifoedd. Gofynnwyd i ysgolion lleol, grwpiau dawnsio lleol, gan gynnwys y Dance Kingdom, lle cwrddais â John gyntaf, i'n helpu i greu'r golygfeydd gwahanol a berfformid yn y neuadd ddawns yn ystod yr wythnos.

already seated, enjoying the flowers and birds. After the ceremony we returned to the square for photographs and community dances called by Rhodri Jones. Our relatives and friends thoroughly enjoyed a most unusual day at the garden. Even my sixteen-day-old grandson, Ethan, was there with his mum Christine and the rest of their family.

Of course, there are always amusing incidents at these events. The previous day John had been busy allocating changing rooms in the old servants' quarters. On the day, when I and my bridesmaid Lily, John's granddaughter, opened the door of our allocated room, carrying all our wedding clothes, we had quite a surprise. It was just a landing at the top of the stairs and, down below, we could see Tawerin practising! There was no privacy at all! Fortunately, there was a ladies' room nearby which saved the day. John had not checked behind every door that he had labelled.

Also, on the day, two of John's grandsons, Oliver and Harry, who were to act as ushers, got lost – they had turned north onto the M5 at Tewkesbury! They were already late when we received a phone call that, at last, they were at Junction 49 of the M4 and were stopping for a cup of tea! They arrived in time to be bundled into their wedding attire by Nia. What a way to meet for the first time! Fortunately, their brother Joe was already with us and correctly dressed!

All was well that ends well, and I was so lucky that the flowers growing at the exact spot where we made our vows matched my outfit. In the evening, family and representatives from the teams dined with us at the Halfway Inn, Nantgaredig. Nia danced a Siguirias in traditional Spanish dress, John and I demonstrated 'Middleton Waltz', which I had written for him. Our friend Hayley made the cake, which we cut with the trowel she presented to John.

Llangennech Day of Dance, 2009

We had moved from Swansea to our bungalow overlooking the river Loughor in 1997. It was indeed our 'Bwthyn ar y Bryn' (cottage on the hill), as it was situated in the village of Bryn on the top of the long hill out of Llangennech. We had a great welcome there and soon began to feel part of the community. I regularly taught Welsh folk dancing at Llangennech Primary School. One week I taught in English; the next,

Mae sawl cystadleuaeth dawnsio gwerin yn yr Eisteddfod Genedlaethol. Y brif gystadleuaeth yw'r un ar gyfer Tlws Coffa Löis Blake. Cyflwynwyd y tlws arbennig hwn, i anrhydeddu Löis Blake, am y tro cyntaf yn Eisteddfod Genedlaethol Caernarfon a'r Cylch yn 1979. Tawerin oedd y tîm cyntaf i'w ennill. Un o'r ddwy ddawns osod ar gyfer y brif gystadleuaeth yn 2000 oedd 'Cestyll yr Arglwydd Rhys', dawns a gyfansoddais ar gyfer cystadleuaeth Eisteddfod Genedlaethol Llandeilo yn 1996.

Mae 'Cestyll yr Arglwydd Rhys' yn ddawns blesesrus a chyffrous ond sydd hefyd yn cynnwys lefel o her ac anhawster addas ar gyfer y gystadleuaeth hon. Perfformiwyd hi'n dda iawn gan Ddawnswyr Talog a hyfforddwyd gan Eirlys Phillips, a gan Tawerin a hyfforddwyd gan T Anne Morris. Wedi ennill y gystadleuaeth daeth Tawerin i fyny i'n tŷ ni i gael swper hwyr. Dathlwyd ein llwyddiant yn ôl yr arfer, gan wylio recordiad o'r gystadleuaeth a'r feirniadaeth ganmoladwy a draddodwyd gan Owen Huw Roberts. Roedd yn ddathliad deuol mewn gwirioenedd, gan i gerddorion Tawerin ennill y gystadleuaeth am fand cyfeilio orau'r wythnos yn yr eisteddfod honno hefyd.

Yr Ardd Fotaneg, 2005

Ers y Diwrnod Dawns cyntaf hwnnw yn y flwyddyn 2000, mae'r Ardd Fotaneg wedi parhau i gefnogi'r dathliad hwn o ddawnsio gwerin. Yn 2005 trefnon ni Ddiwrnod Dawns arall yno gyda'r timau'n cynnwys dawnswyr y Bath Minuet, grŵp dawnsio 'Yr-oes-o'r-blaen' o Lanfair-ym-Muallt, a thîm o ddawnswyr o Gernyw. Yn ddiweddarach, daeth Bobi a Dafydd Evans, Dawnswyr Llanarthne, yn drefnwyr y digwyddiad ac yn raddol gwahoddwyd mwy o dimau o'r tu allan i Gymru ganddynt. Yn anffodus ni fu'n bosibl i'r ysgolion barhau'n bresenoldeb cyson gyda chymaint o alwadau eraill arnynt. Serch hynny, roedd plant y dawnswyr a'r cerddorion yn parhau i fynychu'r diwrnod gyda'u teuluoedd neu dimau. Yn 2019 daeth Dawnswyr Talog â'u dawnswyr ifanc a chawsom berfformiad gwych ganddynt ym Muarth y Stabl gyda thair cenedlaeth o'r un teulu yn dawnsio gyda'i gilydd.

with help from the children, in Welsh. I occasionally taught Welsh dancing at Coedcae Comprehensive School in Llanelli. I renewed my Welsh lessons and helped my fellow learners by teaching them some Welsh dances through the medium of Welsh. By this time, Tawerin had moved their base from Swansea to Hendy, which is just off junction 48 of the M4 and close to Llangennech. I was able to easily pop in on practice nights.

John and our neighbour Huw Thomas were the first treasurer and chairman, respectively, of the newly-opened Llangennech Community Centre. The centre was officially opened by newscaster Huw Edwards, a local boy!

I was keen to give my social dance group, which I had introduced at the new centre, a wider experience of folk dance. Consequently, in July 2009, the three of us decided to organise a day of folk dance for the village. We knew that dance teams from Denmark, Sweden and Karelia would be in the area for a Day of Dance at the National Botanic Garden organised by Bobbie and Dafydd Evans. We were therefore able to invite all these visiting teams to join us for our day of dancing in Llangennech. During the day they danced at the village school and remarked how well behaved the young children were as they sat and watched them dance outside in the yard. Of course, the children had their turn to dance afterwards. We paraded through the village with Llanarthne Welsh Folk Dance team. In the evening we were joined by my daughter Nia who danced two wonderful flamenco dances, one of which was a more serious lament. I could not help drawing a comparison with the Welsh solo dance, 'Morfa Rhuddlan'. Tawerin also joined us and performed some of our favourite folk dances, including 'Ffair y Bala'. We called the day 'Llangollen comes to Llangennech'!

I enjoyed the excellent performances by everyone and especially remember a Danish lady who bowed and smiled constantly throughout the dances. There was also a skilful Scandinavian stick dance, very similar to a solo Morris dance. The Karelians thrilled us with their exquisite dancing and vibrant music and song. They had travelled all the way from Karelia, western Russia, in a minibus. The day was an unique experience for the village. Chairman of the local council, Glendon Davies, who happened to be celebrating his birthday on that

Yr Ardd Fotaneg, 2007

Fe fu'n bosibl i John a minnau drefnu un Diwrnod Dawns arall ar 16 Mehefin 2007, cyn i ni symud i Gaerloyw. Roeddem wrthi'n trefnu ein priodas ar y pryd a phenderfynom y byddai priodi yn yr Ardd Fotaneg fel rhan o ddiwrnod llawn o ddawnsio yn berffaith i ni. Cawsom gefnogaeth hynod frwd gan dimau dawnsio ledled Cymru, a thu hwnt. Unwaith eto, buom yn hynod ffodus o ran y tywydd, er bod pobl yn dweud bod tipyn o law yn y cyffiniau, ni ddisgynnodd yr un diferyn arnom drwy gydol y dydd!

O ganol y bore, roedd y timau yn dawnsio yn ardaloedd gwahanol yr ardd. Yn y prynhawn, arweiniodd John a minnau orymdaith o ddawnswyr a cherddorion o Sgwâr y Mileniwm i'r tŷ gwydr mawr ar gyfer gwasanaeth y briodas am bedwar o'r gloch. Roedd aelodau'r teulu a ffrindiau eisoes yn eistedd yno, yn mwynhau'r blodau a gwylio'r adar. Wedi'r seremoni dychwelodd pawb i'r sgwâr i dynnu lluniau ac i fwynhau dawnsio cymdeithasol, gyda Rhodri Jones yn galw. Mwynhaodd ein perthnasau a'n ffrindiau ddiwrnod i'r brenin yn yr ardd – er un efallai'n ddigon anghyffredin! Roedd hyd yn oed fy ŵyr, Ethan, yno gyda'i fam, Christine a gweddill y teulu – er nad oedd yn ddim ond un diwrnod ar bymtheg oed.

Wrth gwrs, mae bob amser sefyllfaoedd doniol yn codi yn y fath ddigwyddiadau. Y diwrnod blaenorol roedd John wedi bod wrthi'n brysur yn trefnu ystafelloedd newid i ni gyd yn yr hen rhan o'r adeilad lle byddai'r gweision yn byw. Ar y diwrnod, pan agorodd fy morwyn briodas Lily, wyres John, a minnau'r drws i'r ystafell a neilltuwyd ar ein cyfer, gyda phentwr o ddillad priodas yn ein breichiau, cawsom dipyn o syndod! Gwelsom nad ystafell oedd yno ond mangre fach ar ben y grisiau ac o danom gallwn weld Dawnswyr Tawerin yn ymarfer! Doedd dim preifatrwydd o gwbl! Drwy lwc, roedd tŷ bach y menywod yn weddol agos – diolch byth! Doedd John ddim wedi gwirio beth oedd y tu ôl i bob drws pan oedd yn dosbarthu 'ystafelloedd' i bawb!

Y diwrnod hwnnw hefyd collodd Oliver a Harry, dau o wyron John, oedd i fod i weithredru fel tywyswyr, eu ffordd. Roedden nhw wedi cymryd y gyffordd i'r gogledd yn Tewkesbury ac wedi darganfod eu bod wedi ymuno â'r M5! Roedden nhw eisoes yn hwyr pan gawsom alwad ganddynt i ddweud eu bod wedi cyrraedd cyffordd 49 yr M4 ac

same day, exclaimed, 'All I was expecting was a birthday card, not a huge party.'

Dancing for our supper!

As my mind travels back over these dancing years, it seems to me that food looms large at lots of our gatherings. One late night in Brittany, we were served a supper which included a pint of prawns in their shells. It was the first time some of the group had experienced shelling prawns. Fortunately, others of us had been used to it from childhood, often cooking our winkles, prawns or cockles on the beach. On Mont Saint-Michel we enjoyed the famous crêpes; on the Isle of Man we sampled scallops, and in America Nia and I were taken to a shack near Plymouth, Massachusetts, to sample lobster. There we were given a hammer, a ready-cooked lobster on sheets of paper and, no doubt, a glass of wine or lemonade.

There are memories of huddling outside a pub restaurant in our cloaks and hats quite late on a cold evening in Winchester to eat our meal, as there was 'no room at the inn' for our children. On one celebratory meal with Tawerin in Swansea, Griff Jones, a friend and supporter of the team, ordered duck. The poor waiter had to run out and buy peas, as Griff would not eat duck without them!

Some of my favourite celebrations were at the home of Ann and Dai Williams in Pontyates. They enjoyed feeding and entertaining the team plus partners. We would gather at their long table to eat, drink and, afterwards, enjoy videos of past performances. It was always great fun and hoots of laughter all night! Tales of tours and competitions were retold so many times that they had become legend! On one memorable occasion Smot, their mischievous dog, sitting quietly under the table all evening, chewed a piece off the bottom of my skirt. I had not noticed until we all got up to leave!

During the summer of 2016 Ceffyl Gwyn Welsh dancers from Melbourne, Australia, visited Wales with their leader Ian Kendall. Ian, an enthusiastic overseas member of the WFDS, grew up in Barmouth and among other dances wrote 'Pont y Bermo' (Barmouth Bridge). The group were on a grand tour of Welsh dance folk teams, enjoying both their hospitality and their dancing. When they

yn aros am baned! Cyrhaeddon nhw o fewn trwch blewyn i ddechrau'r orymdaith, gydag ond eiliadau i daflu eu gwisgoedd amdanynt – gyda help Nia! Am ffordd o gyfarfod am y tro cyntaf! Yn ffodus, roedd eu brawd Joe gyda ni eisoes – ac yn ei wisg yn barod!

Ond, fel y dywed yr hen ddihareb, 'Da popeth a ddiweddo'n dda', ac roeddwn mor ffodus bod lliwau'r holl flodau oedd yn tyfu yn yr union fan lle bu i ni gyfnewid ein haddunedau priodas yn cydweddu'n berffaith gyda lliw fy ngwisg. Gyda'r nos daeth y teulu a chynrychiolwyr o'r timau i ddathlu gyda ni yn yr Halfway Inn yn Nantgaredig. Dawnsiodd Nia Siguirias mewn gwisg Sbaenaidd draddodiadol, a dawnsiodd John a minnau 'Walts Middleton' – dawns a gyfansoddais yn arbennig iddo. Ein ffrind Hayley ddarparodd y deisen briodas ac fe dorron ni hi gyda thrywel a gyflwynodd hi i John.

Diwrnod Dawns Llangennech, 2009

Symudom o Abertawe i fyw i'r byngalo yn edrych dros Afon Llwchwr yn 1997. Roedd hwn yn wir yn 'Fwthyn ar y Bryn' gan iddo gael ei leoli ar ben y rhiw hir ar y ffordd allan o Langennech, ym mhentref y Bryn ei hun. Cawsom groeso twymgalon yn y pentref a daethom i deimlo'n rhan o'r gymuned leol yn fuan iawn. Bûm yn hyfforddi dawnsio gwerin yn Ysgol Gynradd Llangennech yn rheolaidd – un wythnos yn Saesneg a'r wythnos ganlynol, gyda chymorth y plant, yn y Gymraeg. Yn achlysurol, bûm yn hyfforddi dawnsio gwerin yn Ysgol Gyfun Coedcae, Llanelli hefyd. Fe wnes i ailafael yn fy ngwersi Cymraeg a chynorthwyais fy nghyd-ddysgwyr drwy eu hyfforddi i ddawnsio rhai dawnsiau gwerin drwy gyfrwng y Gymraeg. Erbyn hyn roedd Tawerin wedi symud lleoliad eu hymarferion o Abertawe i'r Hendy, oddi ar gyffordd 48 yr M4 ac yn agos i Langennech, felly gallwn alw i mewn yn hawdd ar nosweithiau ymarfer.

John a'n cymydog, Huw Thomas, oedd swyddogion cyntaf canolfan gymunedol newydd Llangennech – y naill yn drysorydd a'r llall yn gadeirydd. Agorwyd y ganolfan gan fachgen lleol – y newyddiadurwr Huw Edwards.

Roeddwn yn awyddus i roi profiad dawnsio gwerin ehangach i'r grŵp dawnsio cymdeithasol roeddwn yn ei gynnal yn y ganolfan newydd. Felly, ym mis Gorffennaf 2019, penderfynnodd y tri ohonom

came to Pembroke, after sharing our simple meal of Welsh cawl (broth), John and I took them to see some of the beautiful cliffs along the Pembrokeshire coastline. That evening, we joined with Dawnswyr Glancleddau for a meal and dancing at the Nant-y-ffin Motel, Llandissilio. On our way there we did manage to find time for the Australians to dance 'Pont Cleddau' underneath the Cleddau Bridge, at the exact spot where a section of the bridge had collapsed during construction. However, one of John's abiding memories of the day is the Australians leading the singing of 'Waltzing Matilda', accompanied by two pianists playing at the same time on separate pianos. One was the barman, the other was one of the dancers. They finished off the evening playing 'Mae Hen Wlad fy Nhadau', the Welsh National Anthem.

Celebrating my seventieth birthday

In the spring of 2010 John and I moved to Gloucester to spend more time with my son William, his wife Christine, and sons Isaac aged five, Ethan nearly two, and Luke who was just a baby. We enjoyed helping with babysitting while Christine was teaching and William was working a twelve-hour day, including a long commute. John's daughter Heather also lived in Gloucestershire, at Batsford Garden Centre and Arboretum, with her husband Stuart Priest who was director of operations.

Naturally, I looked around for some folk dancing while John looked for ballroom dancing and horticulture. We did not do much ballroom dancing but John was able to take over three allotments so badly neglected that nobody else would take them on!

In October 2011, when my seventieth birthday drew near, we decided on a party in Painswick village hall, Gloucestershire. Family members from near and far came to join dancers and musicians from Dawnswyr Pen-y-Fai, Dawnswyr Talog and Tawerin, together with other Welsh dancing friends. A particular honour for me was welcoming Felicity Blake, Löis' daughter, who had been driven from the Bristol area by her ninety-year-old friend. I was delighted to also welcome my new friends from the Gloucester Folk Dance Club.

A fine buffet lunch merged into an Anglo-Welsh afternoon of dance,

drefnu diwrnod o ddawnsio gwerin ar gyfer y pentre. Roeddem eisoes yn gwybod y byddai timau dawnsio o Ddenmarc, Sweden, Karelia a Georgia yn yr ardal ym mis Gorffennaf ar gyfer Diwrnod Dawns yn yr Ardd Fotaneg Genedlaethol, wedi ei drefnu gan Bobi a Dafydd Evans. Bu'n bosibl, felly, i ni wahodd y timau tramor hynny i ymuno gyda ni ar gyfer ein diwrnod o ddawnsio yn Llangennech. Yn ystod y dydd buon nhw'n dawnsio yn yr ysgol gynradd a mawr oedd eu canmoliaeth am ymddygiad da'r plant ifanc oedd yn eistedd allan ar y buarth yn eu gwylio'n perfformio. Wrth gwrs, tro'r plant oedd hi i ddawnsio wedyn! Buom yn gorymdeithio drwy'r pentref hefyd gyda thîm dawnsio gwerin Llanarthne. Gyda'r nos, ymunodd fy merch, Nia, â ni. Perfformiodd hi ddwy ddawns fflamenco wych i'r gynulleidfa frwd. Roedd un ohonynt yn alarnad fwy dwys ac allwn i ddim peidio â'i chymharu hi â'r ddawns unigol 'Morfa Rhuddlan'. Ymunodd Tawerin â ni hefyd gan ddawnsio rhai o'n hoff ddawnsiau gwerin, gan gynnwys 'Ffair y Bala'. Enwon ni'r diwrnod 'Llangollen yn cyrraedd Llangennech'!

Mwynheais y perfformiadau gwych gan bawb a chofiaf yn arbennig un o'r merched o Ddenmarc oedd yn moesgrymu a gwenu'n barhaus drwy gydol pob dawns. Perfformiwyd dawns ffyn gelfydd iawn hefyd gan y dawnswyr o Sweden a oedd yn debyg iawn i ddawns Morris unigol. Cawsom ein cyfareddu gan ddawnsio cywrain a cherddoriaeth a chanu pwerus dawnswyr Karelia. Roedden nhw wedi teithio'r holl ffordd o Karelia, gorllewin Rwsia, mewn bws mini. Roedd y diwrnod yn brofiad unigryw i'r pentre. Roedd Glendon Davies, cadeirydd y cyngor lleol, yn digwydd dathlu ei ben-blwydd ar yr un diwrnod ac yng nghanol y bwrlwm meddai, a'i dafod yn ei foch, 'Y cyfan 'on i'n disgwyl oedd carden pen-blwydd, nid parti mawr!'

Dawnsio am ein swper!

Wrth hel atgofion am y blynyddoedd hyn o ddawnsio gwerin, beth sy'n fy nharo yw'r lle blaenllaw oedd i fwyd a bwyta yn y mwyafrif o'n digwyddiadau! Un noson hwyr yn Llydaw, cawsom swper oedd yn cynnwys gwydr peint yn llawn o gorgimwch yn eu cregin. Dyma'r tro cynta i rai o'r tîm dynnu corgimwch o'r gragen. Yn ffodus roedd rhai ohonom wedi bod yn gwneud hynny ers yn blant, yn aml yn coginio ein corgimwch, gwichiaid a chocos ar y traeth. Mwynhaon ni y crêpe

with many of the children running their own party on a dais at the back of the hall. We completed the day with dinner and dancing at the Mercure Gloucester hotel, where we all met again for a most excellent breakfast before heading home.

Welsh Folk Dance Society celebrations

The main society celebrations were, of course, very special events. Over the years I remember dancing in front of Valle Crucis Abbey, Llangollen, on the fiftieth anniversary of the society. The following day in Llangwm was equally memorable, as Felicity Blake unveiled a plaque in memory of her mother's work for the WFDS. Parents and friends of Llangwm Primary School prepared a delicious lunch in the village hall, followed by a walk to Melys Fan, Löis Blake's former home.

The sixtieth anniversary was celebrated with a weekend at Cardigan where we danced in the afternoon alongside the river. In the evening, at the Cliff Hotel, Gwbert, my new dance 'Y Fodrwy Ddiamwnt' (Diamond Ring) was performed for the first time, by two groups who had practised it with me earlier in the day.

The seventieth anniversary of the WFDS was a year-long celebration. We kick-started the year in Pembroke with a Day of Dance. In the morning, members of Glancleddau, Talog and myself called dances old and new in Pembroke town hall, and Talog youngsters performed excellent clog dances for us. Later on, we all enjoyed coming together to dance beneath the castle walls. It was a spectacular sight to see all the Welsh folk dancers in their colourful traditional flannel costumes dancing by the shimmering river with the ancient castle standing tall behind them.

We relaxed and danced in brilliant sunshine around the statue of Henry VII. More and more musicians kept arriving to swell the band and the master of ceremonies was, once again, the talented Rhodri Jones.

In the afternoon Karen Grayson-Cooper, Tawerin's current teacher, taught 'Y Filltir Sgwâr' (Square Mile). I wrote the dance as a tribute to the late Dai Williams, one of the team's founder members. We finished the day with an informal concert at the town hall, with each team

enwog ar Mont Saint-Michel, y cylfgregin ar Ynys Manaw, ac yn America aeth y trefnwyr â Nia a fi i gaban ger Plymouth, Massachusetts, i brofi cimwch. Yno rhoddwyd morthwyl a chimwch wedi ei gogino ar nifer o ddarnau o bapur i ni ac, mae'n siwr, glasied o win neu lemonâd.

Cofiaf hefyd gwtsio i fyny y tu allan i fwyty yng Nghaer-wynt un noson oer, wlyb wedi ein lapio mewn hetiau a chlogyn, i fwyta ein pryd bwyd gan 'nad oedd lle yn y llety' ar gyfer ein plant. Tro arall, wrth fwynhau pryd dathlu llwyddiant gyda Tawerin mewn bwyty yn Abertawe, roedd ein ffrind a'n cefnogwr, Griff Jones, wedi archebu hwyaden. Bu'n rhaid i'r gweinydd druan redeg allan i'r siopau cyfagos i ddod o hyd i becyn o bys gan fod Griff yn gwrthod bwyta hywaden hebddynt.

Roedd llawer o'm hoff ddathliadau yng nghartref Ann a Dai Williams, Tawerin, ym Mhont-iets, Sir Gâr. Roedd y ddau wrth eu bodd yn bwydo a diddanu'r tîm, yn ogystal â'u partneriaid. Byddem yn ymgasglu o gwmpas eu bwrdd hir i fwyta ac yfed ac wedyn i fwynhau gwylio'r fideos o gyn-berfformiadau. Byddai'r noson bob amser yn llawn hwyl a bloeddio chwerthin iach. Roedd gymaint o ail-adrodd hanesion teithiau a chystadlaethau dros y blynyddoedd nes iddynt dyfu'n chwedlonol bron! Erys un noson yn arbennig yn y cof. Roedd Smot, eu ci direidus, wedi bod yn eistedd yn dawel o dan y bwrdd gydol y nos, a heb yn wybod i neb wedi cnoi darn mawr o waelod fy sgert. Doeddwn i ddim wedi sylwi nes i bawb godi o'r bwrdd i adael!

Yn ystod haf 2016 daeth Dawnswyr Cymreig y Ceffyl Gwyn o Melbourne, Awstralia, ar ymweliad â Chymru. Roedd eu harweinydd a'u hyfforddwr, Ian Kendell, yn aelod tramor brwd o Gymdeithas Ddawns Werin Cymru. Magwyd Ian yn y Bermo, ac ef a gyfansoddodd y ddawns 'Pont y Bermo', yn ogystal â nifer o ddawnsiau eraill. Roedd y grŵp ar daith fawreddog o dimau dawnsio gwerin Cymru gan fwynhau eu dawnsio a'u lletygarwch. Pan ddaethant i Sir Benfro, aeth John a minnau â nhw ar daith i weld clogwyni hardd arfordir Sir Benfro, wedi i ni fwynhau pryd syml o gawl traddodiadol. Y noson honno ymunon ni â Dawnswyr Glancleddau am bryd o fwyd a thipyn o ddawnsio yng ngwesty Nanytffin, Llandisilio. Ar ein ffordd yno llwyddon ni i wneud amser i roi cyfle i'r dawnswyr o Awstralia ddawnsio'r ddawns 'Pont Cleddau' o dan bont yr afon Cleddau, ar yr union fan lle y syrthiodd rhan o'r bont tra roedd hi'n cael ei hadeiladu. Serch hynny, un profiad o'r diwrnod a erys yn y cof am byth i John yw clywed y criw o Awstralia

performing a dance of their choice. Our Russian friends, Alexei and Anastasia, keen overseas members of WFDS, also joined one of the performances. They were familiar with many of the dances, having practised them with their Moscow group, Shady Glen.

Our day was only the beginning of a very special year. Memorable celebrations were held at the National Botanic Garden of Wales, Gŵyl Ifan in Cardiff, and the National Eisteddfod at Llanrwst.

Welsh Folk Dance Society seventieth anniversary dinner

Towards the close of the year, society members met for a final weekend at the Vale Resort near Cardiff. In the afternoon the teams danced at St Fagans National Museum of History and a formal dinner and dance was held at the hotel in the evening. My daughter Nia and her partner Steve joined us for the event. Seated at the table, with other family members and friends, they surprised us by whisking us away for a few minutes to announce their engagement. We had a doubly memorable evening.

Sunday morning saw us entertained by a concert demonstrating a brief history of the society, arranged and choreographed by Eiry Hunter. Reluctantly, we said goodbye to friends from across Wales and across the decades.

Gŵyl Ifan

Many dancers will have memories of the Gŵyl Ifan festival held in Cardiff and organised by Cwmni Dawns Caerdydd. It spanned forty years. We would gather in front of City Hall in the morning where the Cardiff dancers would raise the huge maypole decorated with trinkets and ribbons. The dancing and parading continued all day. Teams would dance at various venues throughout the city, and in the late afternoon everyone would reconvene either at Nantgarw or St Fagans National Museum of History for further mass dancing. In later years the separate groups would come together to dance at the new Wales Millennium Centre in Cardiff Bay. Alas, I can no longer manage these intensive dance days, but the memory of every muscle of the body spent, and the emotional high produced, still lingers.

yn canu 'Waltzing Matilda' i gyfeilinat dau bianydd yn chwarae ar ddau biano gwahanol – ar yr un pryd! Un oedd y dyn oedd yn gweini y tu ôl i'r bar a'r llall oedd un o'r dawnswyr. I gloi'r noson chwaraeodd y ddau 'Hen Wlad fy Nhadau'.

Dathlu fy mhen-blwydd yn saith deg

Yng ngwanwyn 2010, symudodd John a minnau i Gaerloyw i dreulio mwy amser gyda fy mab, William, ei wraig Christine a'u tri mab. Ar y pryd roedd Isaac yn bump, Ethan bron yn ddwy, a Luke ond yn fabi. Roeddem yn mwynhau gwarchod y plant tra roedd Christine yn addysgu a William yn gweithio deuddeg awr y dydd, gan gynnwys taith hir yn ôl ac ymlaen. Mae Heather, merch John, hefyd yn byw yng Nghaerloyw, yng Nghoedfa a Chanolfan Arddio Batsford. Mae ei gŵr, Stuart Piest, hefyd yn gyfarfwyddwr gweithredu yno.

Yn naturiol, chwiliais am gyfleoedd i wneud ychydig o ddawnsio gwerin tra chwiliodd John am ddawnsio *ballroom* a chyfleoedd ar gyfer garddwriaeth. Wnaethon ni ddim llawer o ddawnsio *ballroom* ond trodd John ei law at adfer tri rhandir oedd wedi eu hesgeuluso gymaint – doedd neb arall eu heisiau!

Wrth i fy mhen-blwydd yn saith deg oed agosáu ym mis Hydref 2011, pendefynon ni gynnal parti yn neuadd y pentre, Painswick, Swydd Gaerloyw. Daeth aelodau'r teulu o bell ac agos i ymuno â dawnswyr a cherddorion o Ben-y-Fai, Talog a Thawerin, ynghyd â llu o ffrindiau byd dawnsio gwerin Cymru. Anrhydedd arbennig i mi oedd croesawu Felicity Blake, merch Löis, i'r dathliad wedi iddi gael ei gyrru yno gan ei ffrind oedd dros ei naw deg! Roeddwn wrth fy modd hefyd i allu croesawu fy ffrindiau newydd o Glwb Dawnsio Gwerin Caerloyw.

Trodd y cinio bwffe hyfryd yn brynhawn Eingl-Gymreig o ddawnsio, gyda llawer o'r plant wedi penderfynu cynnal eu parti eu hunain ar y llwyfan yng nghefn y neuadd. Daeth y diwrnod i ben gyda chinio a dawnsio yng Ngwesty'r Mercure, Caerloyw. Trannoeth cyfarfu pawb eto i fwynhau brecwast gwych gyda'n gilydd cyn troi am adre.

The Pat Shaw influence

When I reflect upon all these years of dancing, the people I met and the places I visited 'flash upon my inward eye', as Wordsworth so eloquently wrote. So many memories, but one 'giant' crops up often in my conversations about dancing, namely Pat Shouldham Shaw. I make no apology for referring to him again at this point, as he was such a significant influence in my early folk dancing days – an influence which remained throughout my teaching years. I remember, in particular, a May Day concert Pat arranged at the Royal Albert Hall in London; dancers came from across Britain to display their traditional dances. The Britannia Coconut Dancers were there, also the Abbots Bromley Horn Dancers, the English Folk Dance Society Festival Dancers, not forgetting the Morris dancers. The Padstow Obby Oss made its appearance, so big, black and frightening. Pat had formed two teams of dancers from Wales for the concert, one drawn from the north Wales groups and one from the south. North and south teams met twice to blend the two groups into a national team. Pat choreographed a performance which included twmpath dances, clog dancing and two fair dances, 'Dawns Blodau Nantgarw' and 'Rali Twm Siôn'.

Sadly, Pat Shaw died much too young in 1977. In his centenary year, 2017, there was an outpouring of celebration and memories from his many friends and associates worldwide. Those of us in Wales who remembered Pat eagerly arranged events to honour him. Bobbie and Dafydd Evans, Dawnswyr Llanarthne, arranged an eighteenth-century workshop and ball at Rhosygilwen, both led by Robert Moir, a prominent member of the English Folk Dance and Song Society. The costumes and dancing were a joy.

On 10 June 2017, Dawnswyr Penfro joined with Glancleddau to organise a memorial Day of Dance in Pembroke, focusing on dances that Pat had arranged or composed. The response was amazing; dancers and musicians came from across Wales. Local charities and youth groups helped to make it a day for everyone, providing refreshments and children's activities. The dancing continued in Pembroke town hall throughout the day. There were opportunities for everyone to join in. Dr W Terry Williams, who came to know Pat well through his role as officer of WFDS and teacher of Parti Prifysgol Abertawe,

Dathliadau Cymdeithas Ddawns Werin Cymru

Roedd prif ddathliadau'r gymdeithas, wrth gwrs, yn ddigwyddiadau arbennig iawn. Dros y blynyddoedd rwy'n cofio dawnsio o flaen Abaty Glyn y Groes, Llangollen, fel rhan o ddathliad pen-blwydd pum deg oed CDdWC. Atgof arbennig hefyd yw bod yn Llangwm drannoeth, pan ddadorchuddiodd Felicity Blake gofeb lechen fel teyrnged i waith ei mam dros GDdWC. Paratôdd rhieni a ffrindiau Ysgol Gynradd Llangwm ginio hyfryd yn neuadd y pentre cyn i bawb gerdded i gyn-gartref Löis Blake.

Dathlwyd pen-blwydd trigain oed y gymdeithas gyda phenwythnos yn Aberteifi lle treuliwyd y prynhawn yn dawnsio wrth ymyl yr afon. Y noson honno, yng Ngwesty'r Cliff, Gwbert, perfformiwyd fy nawns newydd, 'Y Fodrwy Ddiamwnt', gan ddau grŵp o ddawnswyr a fu'n ei dysgu hi mewn gweithdy yn ystod y dydd.

Roedd pen-blwydd saith deg y gymdeithas yn ddathliad blwyddyn gron, mewn gwirionedd. Dechreuon ni'r flwyddyn drwy drefnu Diwrnod Dawns yn nhref Penfro. Yn y bore cafwyd dawnsio torfol yn neuadd y dref gydag aelodau o dimau Glancleddau, Talog a minnau yn galw dawnsiau hen a newydd. Cafwyd perfformiad gwych o glocsio gan ddawnswyr ifanc Talog hefyd. Yn ddiweddarach yn y dydd daeth pawb ynghyd i fwynhau mwy o ddawnsio torfol o dan furiau'r castell. Roedd gweld y dawnswyr i gyd yn eu gwisgoedd brethyn traddodiadol yn dawnsio wrth ymyl yr afon ddisglair, gyda muriau hynafol y castell yn sefyll yn gadarn y tu ôl iddynt, yn wir yn olygfa ysblennydd.

Roedd pawb wrth eu bodd yn ymlacio a dawnsio o gwmpas cerflun Harri'r VII yn yr haul godidog. Roedd mwy a mwy o gerddorion yn cyrraedd a'r band yn chwyddo fwyfwy. Cadwyd trefn ar yr holl weithgareddau dan arweiniad deheuig y galwr talentog, Rhodri Jones, Caerdydd.

Yn y prynhawn bu Karen Grayson-Cooper, hyfforddwraig Tawerin, yn hyfforddi pawb i ddawnsio 'Y Filltir Sgwâr', dawns a gyfansoddais fel teyrnged i'r diweddar Dai Williams, un o sylfaenwyr y tîm. Daeth y diwrnod i ben gyda chyngerdd anffurfiol yn neuadd y dre gyda phob tîm yn perfformio dawns o'u dewis eu hunain. Ymunodd ein ffrindiau o Rwsia, Alexei ac Anastasia, yn un o'r perfformiadau hefyd. Yn aelodau tramor brwd o GDdWC, roeddent yn adnabod nifer o'r dawnsiau

Members of Parti Prifysgol Abertawe, early 1960s
Aelodau o Barti Prifysgol Abertawe, yn gynnar yn y 1960au

Photo / Llun: Welsh Folk Dance Society / Cymdeithas Ddawns Werin Cymru

Terry performing a scissors jump / Terry'n perfformio naid y siswrn

Photo / Llun: Welsh Folk Dance Society / Cymdeithas Ddawns Werin Cymru

oherwydd iddynt eu hymarfer gyda'u tîm, Shady Glen, ym Moscow.

Serch hynny, doedd y Diwrnod Dawns hwnnw ddim ond yn fan cychwyn blwyddyn o ddathliadau arbennig iawn. Cynhaliwyd dathliadau cofiadwy yn yr Ardd Fotaneg Genedlaethol, yng Ngŵyl Ifan Caerdydd ac yn Eisteddfod Genedlaethaol Llanrwst.

Cinio dathlu pen-blwydd saith deg Cymdeithas Ddawns Werin Cymru

Wrth i'r flwyddyn ddirwyn i ben daeth aelodau'r gymdeithas ynghyd ar gyfer un dathliad terfynol – penwythnos yng Ngwesty'r Fro, Bro Morgannwg. Yn y prynhawn dawnsiodd y timau yn Sain Ffagan a chynhaliwyd cinio ffurfiol a dawns fawreddog yn y gwesty gyda'r nos. Ymunodd Nia fy merch a'i chymar Steve â ni ar gyfer y digwyddiad. Wedi i ni eistedd wrth y bwrdd gydag aelodau eraill y teulu a ffrindiau, yn annisgwyl fe'm tywysywyd i ffwrdd ganddynt am ychydig funudau, er mwyn cyhoeddi eu dyweddïad! Trodd yn ddathliad hyd yn oed yn fwy cofiadwy felly!

Bore Sul cawsom ein diddanu gan gyngerdd arbennig yn cyflwyno hanes byr o'r gymdeithas – y cyfan wedi ei drefnu gan Eiry Hunter. Yn drwm ein calon, ffarweliodd pawb â'u ffrindiau o bob cwr o Gymru ac ar draws y degawdau.

Gŵyl Ifan

Bydd gan lawer o ddawnswyr atgofion lu am benwythnosau Gŵyl Ifan yng Nghaerdydd – gŵyl a drefnwyd gan Gwmni Dawns Werin Caerdydd dros gyfnod o ddeugain mlynedd. Yn y bore byddem yn ymgynnull o flaen neuadd y ddinas lle byddai dawnswyr y cwmni yn codi'r fedwen haf, wedi ei haddurno â rhubanau a mân addurniadau. Roedd y gorymdeithio a'r dawnsio yn parhau drwy gydol y dydd. Byddai'r timau'n dawnsio mewn gwahanol leoliadau ar draws y ddinas cyn ymuno gyda'i gilydd eto yn hwyr y prynhawn am fwy o ddawnsio torfol, naill ai yn Nantgarw neu yn yr Amgueddfa Werin yn Sain Ffagan. Yn y blynyddoedd diweddaraf byddai grwpiau gwahanol yn cyd-ddawnsio yng Nghanolfan y Mileniwm yn y Bae. Yn anffodus, fedra i ddim ymdopi â diwrnodau dwys o ddawnsio mwyach, ond erys yn y cof fel y byddai

Parti Prifysgol Abertawe en route to a TV appearance. Note, three future adjudicators on the left, Terry Williams, Mavis Williams (Roberts) and Eira Davies

Parti Prifysgol Abertawe ar eu ffordd i berfformio ar y teledu. Sylwer, tri beirniad y dyfodol, o'r chwith Terry Williams, Mavis Williams (Roberts) ac Eira Davies

Photo / Llun: Welsh Folk Dance Society / Cymdeithas Ddawns Werin Cymru

Parti Prifysgol Abertawe at Sidmouth, joined by Gruffydd Jones, his daughter Sian, and musicians from Lutterworth. Dai Williams is fifth from the left in the back row, with baby Nia in the foreground

Parti Prifysgol Abertawe yn Sidmouth, gyda Gruffydd Jones, ei ferch Sian, a cherddorion o Lutterworth. Dai Williams yw'r pumed o'r chwith yn y rhes gefn. Nia yw'r baban yn nghôl Mavis

pob cyhyr yn y corff yn gweiddi am seibiant tra bod y mwynhad a'r uchafbwynt emosiynol yn ffurfio gwên lydan ar yr wyneb.

Dylanwad Pat Shaw

Wrth adfyfyrio ar yr holl flynyddoedd hyn o ddawnsio, mae'r llefydd yr ymwelais i â nhw a'r bobl y cyfarfûm â nhw yn llifo'n gyfoethog drwy'r cof. Cymaint o atgofion! Serch hynny, mae enw un 'cawr' yn codi droeon a thro yn fy sgyrsiau am ddawnsio, sef Pat Shouldham Shaw. Dydw i ddim yn ymddiheurio am gyfeirio ato eto yn y fan hon gan iddo fod yn ddylanwad mor aruthrol arnaf yn fy nyddiau cynnar yn dawnsio gwerin – dylanwad a barhaodd drwy gydol fy mlynyddoedd o hyfforddi. Cofiaf yn arbennig gyngerdd Calan Mai a drefnodd Pat yn Neuadd Frenhinol Albert, Llundain. Daeth dawnswyr o bob cwr o Brydain i arddangos eu dawnsiau traddodiadol. Yn eu plith roedd Dawnswyr Cnau Coco Bacup, Dawnswyr Cyrn Abbots Bromley, Dawnswyr Gŵyl Cymdeithas Ddawns Werin Lloegr heb anghofio'r dawnswyr Morris, wrth gwrs. Cawsom ymweliad hefyd gan Obby Oss Padstow, mor ddu â'r frân ac mor fygythiol o fawr. Roedd Pat wedi ffurfio dau dîm o ddawnswyr o Gymru ar gyfer y gyngerdd. Roedd un wedi ei ffurfio o aelodau o dimau yn y gogledd a'r llall o dimau yn y de. Cyfarfu timau'r de a'r gogledd ddwy waith i asio'r ddau grŵp yn dîm cenedlaethol. Trefnodd Pat y perfformiad cyfan a oedd yn cynnwys dawnsiau twmpath, clocsio a'r ddwy ddawns ffair, 'Dawns Blodau Nantgarw' a 'Rali Twm Siôn'.

Gwaetha'r modd bu farw Pat Shaw yn 1977, yn rhy gynnar o lawer. Yn 2017, blwyddyn ei ganmlwyddiant, trefnodd ei ffrindiau niferus ynghyd â'i gyfeillion o bedwar ban byd, ddathliadau a digwyddiadau dirifedi i rannu atgofion a'i goffáu. Aeth y rheini ohonom yng Nghymru oedd yn cofio Pat ati'n frwd i drefnu digwyddiadau i'w anrhydeddu. Trefnodd Bobi a Dafydd Evans, Dawnswyr Llanarthne, weithdy o ddawnsiau'r 18g a dawns fawreddog yn Rhosygilwern. Robert Moir, aelod blaenllaw o Gymdeithas Ddawns Werin Lloegr, arweiniodd y ddau ddigwyddiad. Roedd y dawnsio a'r gwisgoedd yn bleser eu gweld.

Ar 10 Mehefin 2017, daeth Dawnswyr Penfro a Glancleddau at ei gilydd i drefnu Diwrnod Dawns yn nhref Penfro er mwyn rhoi sylw arbennig i'r dawnsiau a drefnwyd neu a gyfansoddwyd gan Pat. Roedd yr ymateb yn rhyfeddol – daeth dawnswyr a cherddorion o bob cwr

shared some of his memories. In the evening, a dance was held at the Longhouse, Freshwater East, a lovely venue overlooking the bay. This time we focused on Pat's work in Europe, the evening being led by Jess Ward and Triskellian, a local folk band.

In addition to singing, playing her harp and joining the band with her violin, Jess called some of her favourite Welsh and Breton dances. We were also entertained with two solo dances: a Polish gypsy dance by Nia, and a Lancashire clog dance by Rosemary, daughter of Julia from the Pembroke dance group. The evening was a surprise treat for other holidaymakers staying nearby. Jess ended the evening by singing one of Pat's favourite songs, 'Everyone loves Saturday Night'. He would often sing this song in several languages; Jess sang it for us in English, Welsh, French and Breton, while we were dancing – a lovely memory of Pat Shouldham Shaw.

In conclusion

I have always tried to include children in my various dance activities as I hope that they will become guardians of the tradition in their turn. Even my middle grandson, Ethan, asked for some folk dancing as part of his fourth birthday celebration. I was thrilled to see these very small children, from Gloucester, jumping and waving handkerchiefs as they danced a Morris Ring, before having the birthday tea. Recently, my eldest grandson Isaac, aged seventeen, composed 'The Cheltenham Busker' for my social dance, 'Dr Foster's Jig'. He has topped that by being accepted into the first violin section of the National Youth Orchestra of Great Britain. I have secret hopes that Luke, my youngest grandson, currently learning the violin alongside his two elder brothers, might at some point become interested in singing as well as playing.

Passing on steps, stories and the history of Welsh dancing to young and old has always been my pleasure. I returned to my home county of Pembrokeshire in the autumn of 2013, and I have enjoyed being able to share my knowledge and joy of dancing with friends, old and new. I am proud to have been able to showcase the abundant talents of members of my Welsh folk dance family.

In the year of lockdown, 2020, when we could not meet to dance, John and I enjoyed looking back at our time in Pembroke. One of the

o Gymru. Drwy gymorth elusennau a grwpiau ieuenctid lleol, a fu'n barod iawn i ddarparu lluniaeth ysgafn a gweithgareddau ar gyfer y plant, llwyddwyd i'w wneud yn ddiwrnod i bawb. Bu dawnsio yn neuadd y dre, Penfro, drwy gydol y dydd hefyd. Roedd cyfleoedd i bawb ymuno. Rhannodd y Dr W Terry Williams rai o'i atgofion am Pat. Daeth Terry i adnabod Pat yn dda drwy ei rôl fel un o swyddogion CDdWC ac fel hyfforddwr Parti Prifysgol Abertawe. Gyda'r nos cynhaliwyd dawns yn y Tŷ-Hir, Dwyrain Freshwater, lleoliad gwych yn edrych allan i'r bae. Y tro hwnnw canolbwyntiwyd ar waith Pat yn Ewrop ac arweiniwyd y noson gan Jess Ward a'r band gwerin lleol, Triskelion.

Galwodd Jess rai o'i hoff ddawnsiau o Gymru a Llydaw, yn ogystal â chanu, canu'r delyn ac ymuno gyda'r band ar ei ffidl. Cawsom ein diddanu ymhellach gan ddwy ddawns unigol – dawns sipsi o wlad Pŵyl gan Nia a dawns glocsio o Sir Gaerhirfryn gan Rosemary, merch Julia, un aelodau'r grŵp dawnsio oedd gennyf ym Mhenfro. Roedd y noson yn synod bach pleserus i'r ymwelwyr eraill ar eu gwyliau yn yr ardal ar y pryd ac yn yn aros gerllaw. Daeth Jess â'r noson i ben drwy ganu un o hoff ganeuon Pat – 'Everyone loves Saturday Night'. Byddai Pat yn aml yn canu'r gân hon mewn sawl iaith – canodd Jess hi yn Saesneg, y Gymraeg, Ffrangeg a Llydaweg, tra roeddem i gyd yn dawnsio – atgof hyfryd am Pat Shouldham Shaw.

Ac i gloi

Rwy i bob amser wedi ceisio cynnwys plant yn fy ngweithgareddau dawns amrywiol oherwydd fy ngobaith yw y byddant yn warcheidwaid y traddodiad yn eu tro. Gwnaeth hyd yn oed Ethan, fy ŵyr canol, ofyn am gael ychydig o ddawnsio gwerin yn rhan o ddathliadau ei ben-blwydd yn bedair oed. Roeddwn wrth fy modd yn gweld y plant bychain hyn o Gaerloyw yn neidio o gwmpas yn chwifio hancesi poced wrth ddawnsio Cylch Morris cyn mwynhau'r te parti pen-blwydd! Yn ddiweddar, cyfansoddodd Isaac, fy ŵyr hynaf, sy'n ddwy ar bymtheg oed ac yn aelod o Gerddorfa Ieuenectid Genedlaethol Prydain, alaw o'r enw 'The Cheltenham Busker' yn arbennig ar gyfer y ddawns gymdeithasol 'Dr Foster's Jig' a gyfansoddais. Mae gen i obeithion cudd y bydd Luke, yr ŵyr ieuengaf, sydd hefyd yn dysgu'r ffidl fel ei

great highlights for us both was seeing over three hundred children from Golden Grove School, Pembroke, enjoying a twmpath in the grounds of Pembroke Castle. I had been teaching a few dances to the school children for St David's Day so that every child, from nursery age to Year 6, was able to join in the fun at the castle.

A similar event had been planned for March 2020. First it was postponed due to bad weather, then, unfortunately, it could not be rescheduled due to the Coronavirus pandemic. I am sure the children will enjoy participating in a Welsh folk dancing event at the castle again in the future.

I sometimes think, 'What would I have done with my life if I had not hesitantly joined the Welsh dance group at university in Swansea?' I might have developed my career in Geology, as I had once planned; or even become a famous film star! I almost had a part in a film in my student days, but that's another story. Nevertheless, let's face it friends, I would not have wanted to miss a moment of all these wonderful experiences with my fellow dancers.

frodyr, ar ryw adeg efallai yn ymddiddori mewn canu yn ogystal â chwarae offeryn.

Mae trosglwyddo camau, straeon a hanes dawnsio gwerin Cymru i'r hen a'r ifanc wedi bod yn bleser personol i mi erioed. Dychwelais i Sir Benfro, sir fy mebyd, ym mis Awst 2013 ac rwy i wedi mwynhau rhannu fy ngwybodaeth a'r llawenydd rwy i wedi ei gael o ddawnsio gyda ffrindiau hen a newydd. Ymfalchïaf i mi allu arddangos y cyfoeth o dalent sydd gan aelodau fy nheulu dawnsio gwerin.

Yn y flwyddyn honno o gyfnodau clo, 2020, pan na fu'n bosibl i ni gyfarfod i ddawnsio, mwynhaodd John a minnau edrych yn ôl ar ein hamser yn Sir Benfro. Un o'r uchafbwyntiau mawr i'r ddau ohonom oedd gweld dros dri chant o blant Ysgol Gynradd Golden Grove, Penfro, yn mwynhau twmpath ar dir Castell Penfro. Bûm yn dysgu ychydig o ddawnsiau i blant yr ysgol ar gyfer Dydd Gŵyl Ddewi, fel bod pob plentyn o'r meithrin i Flwyddyn 6 yn gallu ymuno yn yr hwyl yn y castell.

Cynlluniwyd digwyddiad tebyg ar gyfer mis Mawrth 2020. Fe'i gohiriwyd y tro cyntaf oherwydd tywydd gwael ond yn anffodus ni fu'n bosibl ad-drefnu o ganlyniad i bandemig y firws Corona. Rwy'n siwr y bydd y plant yn mwynhau cael cyfle i ddawnsio gwerin yn y castell eto yn y dyfodol.

Rwy weithiau'n meddwl, 'Beth fyddwn i wedi ei wneud gyda fy mywyd pe bawn i heb ymuno mor betrus gyda'r grŵp dawnsio gwerin ym Mhrifysgol Abertawe?' Efallai y byddwn wedi datblygu fy ngyrfa yn myd daeareg, fel roeddwn wedi cynllunio ar un adeg, neu hyd yn oed wedi tyfu'n seren enwog ar y sgrin fawr. Bu bron i mi gael rhan mewn ffilm un tro pan oeddwn yn fyfyrwraig – ond stori arall yw honno! Serch hynny, gadewch i ni wynebu ffeithiau, ffrindiau, fyddwn i ddim am golli eiliad o'r holl brofiadau gwych rwy i wedi cael cyfle i'w mwynhau gyda fy nghyd-ddawnswyr.

Chapter 3

Characteristics of Welsh Folk Dancing

What is Welsh folk dancing? I have been asked that question so very often. It was even asked on the ballroom dance floor by my husband John when we first met at Dance Kingdom in Llanelli in 1995!

Welsh dancing was perhaps less well known – even within Wales – than English, Irish or Scottish dancing. However, it is now firmly on the map. My eastern European and Australian friends are captivated by the variety and complexity of the patterns in the dances.

The roots of folk dancing across the world are lost in the mists of time. The various dance traditions have travelled far and wide with man's increasing global trade and exploration. What is certain is that mankind has always danced – to the rhythms of nature, to encourage one another in times of conflict, or to express sorrow and joy. Children and animals dance! I once knew a pet parrot that would dance when I sang Welsh dance tunes to it, and my baby grandsons would finally relax to the same sounds!

Anyway, back to the question. Is Welsh folk dancing different from other forms of traditional folk dance in Britain and Europe? The answer is yes and no.

The difference is not so much what you dance, but how you dance it. As I have already noted, there was a strong and sustained revival of folk dance in Wales during the twentieth century, both from living memory and from the written word. I believe that, gradually, our national character has become as visible in the dancing as it has been audible in our famous singing.

Nodweddion Dawnsio Gwerin Cymru

BETH YW DAWNSIO gwerin Cymru? Holwyd y cwestiwn hwn i mi droeon. Cafodd hyd yn oed ei holi ar lawr neuadd ddawns *ballroom* y Dance Kingdom, Llanelli, gan fy ngŵr John, pan gwrddon ni gyntaf yn 1995!

Bu dawnsio gwerin Cymru yn llai adnabyddus efallai, hyd yn oed yng Nghymru, na dawnsio gwerin Lloegr, Iwerddon neu'r Alban. Serch hynny, mae bellach yn gadarn ar y map. Mae fy ffrindiau o Ddwyrain Ewrop ac Awstralia wedi eu cyfareddu gan amrywiaeth a chymhlethdod patrymau ein dawnsiau.

Mae gwreiddiau dawnsio gwerin ar draws y byd wedi eu colli yn nhro a threigl amser. Lledodd amrywiol draddodiadau dawns ledled y byd wrth i ddyn ddechrau teithio, ymchwilio a masnachu'n fyd-eang. Yr hyn sy'n sicr, serch hynny, yw bod dyn wedi dawnsio erioed; i rythmau byd natur, i annog ei gilydd mewn cyfnodau o wrthdaro, ac i fynegi tristwch neu hapusrwydd. Mae plant ac anifeiliaid yn dawnsio hefyd! Roedd parot gan aelod o deulu fy ngŵr a fyddai'n dawnsio pan fyddwn yn canu alawon dawnsio iddo ac yn wir byddai fy ŵyr bychan yn ymlacio a chysgu o'r diwedd wrth glywed yr un alawon!

P'run bynnag, yn ôl at y cwestiwn. Ydy dawnsio gwerin Cymru yn wahanol i ffurfiau eraill o ddawnsio gwerin traddodiadol Prydain ac Ewrop? Yr ateb yw ydy ac nac ydy.

Gorwedd y gwahananiaethau mwyaf nid yn gymaint yn yr hyn sy'n cael ei ddawnsio ond yn hytrach yn y ffordd y byddwch yn ei ddawnsio. Fel rwy i wedi nodi eisoes, roedd adfywiad cryf a pharhaus ar ddawnsio gwerin Cymru yn ystod yr ugeinfed ganrif, o ran cof byw ac o ddogfennau ysgrifenedig. Credaf fod cymeriad ein cenedl, yn

In the simplest figures, such as a siding[27] or changing places with your partner, for example, we like to add extra movement, a sway, an extra contrary turn or even a pause. In this way the whole dance becomes full of flowing movements, rather like the sea or trees in a breeze. In the lively dances that were performed at the country fairs, there was energy and competition between the males for the attention of the female dancers – perhaps even a display for a particular a lady in the audience!

With reference to my original answer, there are many similarities throughout the UK in the social dances that were popular in the seventeenth and eighteenth centuries. This type of dance is still very much alive today in the dance clubs, barn dances, cèilidhs, and twmpathau across Britain. For example, we still dance the longways sets, three-couple sets and square sets, along with modern compositions. Figures, such as reels or heys, siding, circles, arming etc., are common to dances from all parts of our islands, often under the guidance of a caller.

However, many more ancient dances such as processional, ceremonial or seasonal ones have been handed down throughout the generations along with other folk customs. These dances and customs are aften associated with particular parts of Britain; for example, the Abbots Bromley Horn Dancers in Staffordshire, the Long Sword and Rapper Sword dances from the north of England and the Cotswold Morris dances.

Wales has its own collection of folk dances and customs. We especially treasure the fair dances associated with the changing seasons, particularly ancient selling fairs in the Nantgarw area. These are not simple social dances. Their nature is more of a show dance, the dancers displaying their skills of movement, stepping and performance. Unlike twmpath dances, for example, a great deal of hard work is required beforehand to be able to perform them. The fair dances are very energetic and contain complex and varied figures. Our understanding and interpretation of Margretta's descriptions of them has developed over the sixty years that I have been dancing them. I believe that they are now a true reflection of our national character.

raddol, wedi tyfu'n weladwy yn ein dawnsio, yn yr un modd ag y mae i'w glywed yn ein canu enwog.

Yn y ffigyrau symlaf fel ochri,[27] neu newid lle gyda'r cymar, er enghraifft, rydym yn hoffi ychwanegu symudiad bach arall – sigl bach syml, tro gwrthwynebol ychwanegol neu hyd yn oed saib fechan. Yn y modd hwn mae'r ddawns yn tyfu i gynnwys symudiadau sy'n llifo'n esmwyth i'w gilydd, tebyg iawn i'r môr neu frigau'r coed yn cael eu cynhyrfu fymryn gan yr awel. Yn y dawnsiau bywiog a fyddai'n cael eu perfformio mewn ffeiriau gwledig, mae egni a chystadleuaeth rhwng y dynion am sylw'r dawnswyr benywaidd; efallai, hyd yn oed, ychydig o ymffrost i dynnu sylw merch arbennig yn y gynulleidfa!

Wrth ystyried fy ateb gwreiddiol, mae llawer o elfennau tebyg drwy Brydain o ran dawnsiau cymdeithasol poblogaidd yn yr 17g a'r 18g. Mae'r math hwn o ddawns yn dal yn fyw hyd heddi mewn clybiau dawnsio, dawnsiau cymdeithasol, cèilidh a thwmpathau ledled y wlad. Er enghraifft, rydym yn dal yn dawnsio dawnsiau uned hir, dawnsiau tri chwpwl, unedau sgwâr, yn ogystal â chyfansoddiadau mwy diweddar. Mae ffigyrau fel plethu, ochri, dawnsio cylch, breichio ac ati i gyd yn gyffredin i ddawnsio o bob cwr o Brydain, ac yn aml yn cael eu harwain gan y galwr.

Serch hynny, mae llawer iawn mwy o ddawnsiau hynafol fel y dawnsiau gorymdeithio, dawnsiau dathlu neu ddawnsiau tymhorol, wedi eu trosglwyddo o genhedlaeth i genhedlaeth law yn llaw â thraddodiadau gwerin eraill. Mae'r dawnsiau a'r arferion hyn yn aml yn cael eu cysylltu gyda rhan benodol o Brydain, er enghraifft, Dawnswyr Cyrn Abbots Bromley, dawnsiau'r Gleddyf Hir a dawnsiau 'Rapper' o ogledd Lloegr a dawnswyr Morris y Cotswolds.

Mae gan Gymru ei chasgliad ei hun o ddawnsiau ac arferion gwerin. Rydym yn trysori'n arbennig ein dawnsiau ffair sy'n gysylltiedig â newid y tymhorau neu'r hen ffeiriau gwerthu yn ardal Nantgarw. Nid dawnsiau cymdeithasol syml yw'r rhain. Maent yn ddawnsiau mwy ymffrostgar eu natur lle mae'r dawnswyr yn arddangos sgil eu symudiadau, eu stepio a'u gallu i berfformio. Yn annhebyg i ddawnsiau twmpath, er enghraifft, mae angen llawer iawn o waith caled ymlaen llaw cyn gallu eu perfformio. Mae'r dawnsiau ffair yn egnïol iawn ac yn cynnwys ffigyrau cymhleth ac amrywiol. Mae ein dealltwriaeth a'n dehongliad o ddisgrifiadau Margretta wedi datblygu dros y chwe

Stepping in Welsh dancing

One of the most notable features of Welsh dance is the stepping. This appears in many of the group dances, but also in solo dancing where the dancer usually wears wooden clogs. Welsh stepping was retained among the Romany people living in north Wales. There is a long tradition of solo dancing with broom and candle, known as 'Dawns y Glocsen'. This was a dance for men or boys to show off their masculinity. Not wishing to be left out, girls soon started to develop their own stepping and clog dances in the late twentieth and early twenty-first centuries. Today, more and more young people are learning Welsh clog dancing.

Löis Blake, in her book *Traditional Dance and Customs in Wales*,[28] tells of Caradoc Pugh, of Llanuwchllyn, and Hywel Wood, of Parc near Bala, who were skilled in the still-living tradition of clog dancing. Owen Huw Roberts,[29] a teacher from Anglesey, was encouraged to learn clog dancing by Kate Davies, a co-teacher during the 1950s, and he later passed this knowledge and skill on to his many pupils. Owen developed his own unique style of clog dancing. He was well known for his fast, strong and precise stepping. This was a joy to both eyes and ears as the clarity of each step, whether toe or heel, was remarkable. I myself learned from Owen Huw at society courses and could be found practising my steps in the bowels of the Natural Science building at University College of Wales, Swansea, during my research studies. In between the difficult task of picking out pyroxene minerals under a polarising microscope with a fine paint brush, I would dance a few clog steps to relax tense muscles!

It was not only the stepping that was uncovered by those searching for old Welsh dances, but also the accompanying tunes. In fact, it was often the music that came to light first, sometimes in the form of a song. Traditional reels, hornpipes and jigs were absorbed by keen young musicians, such as Nansi Richards, Telynores Maldwyn, who favoured the Welsh triple harp.

In her book Löis talks of two styles of clog dancing: heel and toe from the Berwyn Mountains, and mainly toe from the Bangor area. Looking back, it seems to me that in the 1960s we mainly concentrated on developing the heel and toe style, plus the tricks with

deg mlynedd rwy i wedi bod yn eu dawnsio. Teimlaf eu bod nawr yn adlewyrchiad o wir gymeriad ein cenedl.

Stepio mewn dawnsio gwerin yng Nghymru

Un o nodweddion mwyaf nodedig dawnsio gwerin Cymru yw'r stepio. Mae i'w weld mewn nifer o ddawnsiau grŵp ond hefyd mewn dawnsiau unigol gyda'r dawnswyr fel arfer yn gwisgo clocs pren am eu traed. Cadwyd stepio Cymreig ymhlith y Romani oedd yn byw yng ngogledd Cymru. Mae traddodiad hir i'r ddawns unigol adnabyddus honno sy'n defnyddio ysgub a channwyll, sef 'Dawns y Glocsen'. Dawns ar gyfer dynion neu fechgyn yw hon sy'n rhoi cyfle iddynt wneud sioe o'u gwrywdod. Ond doedd y merched ddim am gael eu gadael ar ei hôl hi chwaith, ac ar ddiwedd yr 20fed ganrif a dechrau'r 21ain gwelwyd cryn dwf mewn merched yn datblygu eu dawnsiau stepio a chlocsio eu hunain. Erbyn heddiw mae clocsio yn tyfu'n fwyfwy poblogaidd ymysg pobl ifanc.

Yn ei chyfrol *Traditional Dance and Customs in Wales*,[28] cyfeiria Löis Blake at ddau glocsiwr dawnus, sef Caradog Pugh o Lanuwchlyn a Hywel Wood o'r Parc, ger y Bala, a oedd yn cadw'r traddodiad hwn yn fyw. Angowyd Owen Huw Roberts,[29] athro o Sir Fôn, i ddysgu clocsio gan ei gydweithwraig Kate Davies yn y 1950au. Yn diweddarach trosglwyddodd ei wybodaeth a'i sgiliau i'w ddisgyblon niferus. Datblygodd Owen Huw ei arddull unigryw ei hun ac roedd yn adnabyddus am ei glocsio cyflym, cryf a chywrain. Yn wir, roedd ei wylio yn bleser i'r llygad a'r glust gan fod eglurder pob cam, boed o flaen neu sawdl y droed, yn rhyfeddol. Dysgais innau'r grefft gan Owen Huw ar gyrsiau'r gymdeithas, a byddwn yn aml yn ymarfer fy stepio yn mherfeddion adeilad y gwyddorau naturiol wrth gyflawni fy ngwaith ymchwil ym Mhrifysgol Abertawe. Yng nghanol y dasg anodd o dynnu allan mineralau *pyroxene* o dan feicrosgop polareiddio gyda brwsh paent main, roedd ymarfer rhai stepiau clocsio yn ddull da o lacio'r cyhyrau!

Ond nid y stepio yn unig a ddarganfuwyd gan y rheini oedd yn ceisio dod o hyd i hen ddawnsiau Cymru. Yn wir, yn aml y gerddoriaeth a'r alawon a ddeuai i'r wyneb yn gyntaf a hynny weithiau ar ffurf cân. Roedd cerddorion ifanc yn awyddus i fabwysiadu'r

broom and candle. Today, dancers use both styles, often combined. Competitions today offer opportunities for both traditional solo dancing and groups of steppers. Sometimes these groups are very large, possibly influenced by the popularity of the Irish dance show, *Riverdance*. These large groups give stage experience to beginners, but can be very difficult to manage and may produce a wall of sound in place of a clear and varied pattern of differentiated taps from different parts of the foot.

In my opinion, in south-west Wales the style of clogging reflects the strong heel and toe technique of Owen Huw. In south-east Wales, more attention is perhaps given to toe shuffles, and the style is light and speedy. Regardless of the style, the pattern of the steps should be heard clearly, either with the beat or against it. This clarity can be lost if the speed of the steps is too fast. In the north of England, where clogging was common, adjudicators would sometimes be in a cellar below the cloggers where they could concentrate on the pattern of sounds made by the dancer above. In Wales, tricks, such as jumping over candles to extinguish the flame, jumping through a broom or scarf held before or behind them, the Toby step and so on, are woven into the dance. The connection between dancer and musician is magical when they understand each other well, especially during the tricks. Different sounds can be obtained from dancing on varied props, such as a stool or a slate. Löis describes a lady, rather unusually, who appeared to be clogging on an upturned saucer! Crucially, however, the dancer must reach out to the audience so that they may experience the dance together.

Other areas in Wales were also rich in stepping. 'The Gower Reel', a four-hand reel, a form also common in other parts of western Britain, was collected from Port Eynon in Gower. The stepping, which features in between each reel of four, has been largely lost, but may have been similar to the rapper step with loose ankles and multiple toe taps. It was danced in Gower to a hornpipe: the well-known folk singer Phil Tanner[30] accompanied the dance with 'mouth music', a form of accompaniment possibly developed when musical instruments were frowned upon by religious revivalists. When researching this dance in the 1960s, I visited Llangennith where it was also remembered. There the locals described the stepping as a sort of shuffle – a sort of flicking

riliau, y pibddawnsiau a'r jigiau a glywent gan gerddorion fel Nansi Richards, Telynores Maldwyn, a fyddai'n eu chwarae ar ei thelyn deires.

Yn ei chyfrol sonia Löis am ddwy arddull wahanol o glocsio. Un oedd defnyddio'r sawdl a blaen y troed yn gyfartal, a ddeilliai o ardal mynyddoedd y Berwyn, a'r llall oedd defnyddio blaen y troed gan fwyaf, a hwnnw o ardal Bangor. Wrth edrych yn ôl, rwy'n credu i ni ganolbwyntio fwyaf ar ddatblygu'r dull sawdl a blaen yn y 1960au ac wrth gwrs y triciau gyda'r ysgub a'r gannwyll. Erbyn heddiw mae dawnswyr yn defnyddio'r ddwy arddull ac yn aml yn eu cyfuno o fewn un ddawns. Mae cystadlaethau cyfoes yn cynnig cyfleoedd ar gyfer dawnswyr unigol a grwpiau o stepwyr. Yn aml mae'r grwpiau hyn yn cynnwys nifer sylweddol o ddawnswyr. Efallai bod hynny yn adlewyrchu poblogrwydd y sioe Wyddelig, *Riverdance*. Mae'r grwpiau mawr hyn yn rhoi profiad llwyfan da i ddechreuwyr ond mae eu rheoli yn anodd a gallant, efallai, gynhyrchu wal o sŵn yn hytrach nag eglurder yr amrywiol batrymau sy'n gwahaniaethu sain y camau ar wahanol rhannau o'r troed.

Yn fy marn i, yn ne orllewin Cymru mae dull y clocsio yn adlewyrchu techneg gref y sawdl a'r gwadn a ddatblygwyd gan Owen Huw. Yn ne ddwyrain Cymru ar y llaw arall, rhoddir mwy o sylw efallai i'r gwthio neu'r shyffl gyda blaen y troed ac mae'r arddull yn ysgafn a chyflym. Beth bynnag y dechneg, yr hyn sy'n allweddol yw bod y stepio i'w glywed yn gwbl glir, naill ai gyda churiad y gerddoriaeth neu yn ei erbyn. Gellir colli'r eglurder hwn os yw'r stepio yn rhy gyflym. Yng ngogledd Lloegr, lle roedd clocsio'n arfer gyffredin iawn, byddai beirniaid mewn cystadlaethau weithiau'n eistedd mewn seler fel y gallent ganolbwyntio ar batrwm ac ansawdd sain y dawnswyr uwch eu pennau. Yng Nghymru mae triciau fel neidio dros y gannwyll i ddiffodd y fflam, neidio'n ôl neu ymlaen drwy gylch wedi ei wneud o ysgub neu sgarff sy'n cael eu dal rhwng dwy law, y cam 'toby' ac ati, yn cael eu gwau trwy'r ddawns. Mae'r cyswllt rhwng y dawnsiwr a'r cerddor yn hudol pan mae'r ddau yn deall ei gilydd i'r dim, yn enwedig yn ystod y triciau. Gellid creu gwahanol synau hefyd drwy ddefnyddio offer gwahanol fel stôl neu lechen, er enghraifft. Disgrifia Löis hanes un ddawnswraig yn clocsio ar ben soser wedi ei throi wyneb i waered. Mae'n hollbwysig, serch hynny, fod dawnsiwr yn gallu ymestyn allan

the front of the foot back and forth quickly creating a tapping sound. When I asked if it was similar to that done in Port Eynon, one of the dancers said, 'Weem better steppers than they.' Today we are happy to use any of our traditional steps in this dance.

Another dance where stepping is mentioned is 'Ffair Caerffili', a processional dance from the Nantgarw collection. Margretta Thomas' descriptions of the stepping reminds me of some of the movements in Cotswold Morris dances. In reviving the dance, the WFDS included a Toby step for the men at the end.

Margretta also describes the stepping, or kicking, in the dance 'Gŵyl Ifan' and talks about the men giving each other space for vigorous leaps and sideways kicks. We have yet to interpret this well. In today's interpretation, the initial kick-step performed by the men is lacking in the element of competition and has possibly become too uniform. It fails to include vigorous sideways kicks and twists. Perhaps a look at North American Appalachian clog dancing would help to achieve Margretta's strong description.

Since I was introduced to Welsh folk dance in the early 1960s, more vigorous stepping has been added to the dances where appropriate. This, I believe, recaptures a lost aspect of the dances, mirroring the Celtic passionate temperament.

Improving your dancing

When considering how to improve the way we dance, I am reminded very much of many of the things that I have learned on my dancing journey. As a young inexperienced dancer, I began to understand how good dancers moved by dancing with them and experiencing the feel of the movements. My dance technique soon improved, helped along by my many wonderful dance teachers and fellow learners. Sometimes it would be a general comment, or gentle criticism.

For example, when Owen Huw would pop up to see my team on the eve of the main dance competition at the National Eisteddfod, he would offer advice. He particularly liked to see the contrast between the strength and agility of the boys in the team and the teasing femininity of the girls. Although renowned for his clogging, he was also an excellent dancer and used to tell his pupils that they should learn to dance

i'r gynulleidfa a'u tynnu i mewn, fel y gallant brofi'r ddawns gyda'i gilydd.

Roedd gan ardaloedd eraill o Gymru draddodiad stepio cyfoethog hefyd. Casglwyd 'Ril Gŵyr' o bentref Porth Eynon, Penrhyn Gŵyr, er enghraifft. Serch hynny, mae ei ffurf o bedwar person yn wynebu ei gilydd mewn llinell yn un gyffredin iawn mewn rhannau eraill o orllewin Prydain. Mae'r stepio, sydd yn digwydd rhwng pob pleth i bedwar, i raddau wedi cael eu colli ond gellir tybied y byddent yn debyg i step 'rapper', gyda phigwrn llac a llawer o dapio gyda blaen y troed. Ym Mhenryn Gŵyr dawnsid hi i amseriad pibddawns – roedd y canwr gwerin enwog Phil Tanner[30] yn arfer cyfeilio i'r ddawns gyda'i 'gerddoriaeth geg' – dull o gyfeilio a ddatblygwyd o bosibl pan roedd offerynnau cerddorol yn cael eu dirmygu gan ddiwygwyr crefyddol y cyfnod.

Yn y 1960au es i i Langennith, gogledd Gŵyr, i ymchwilio i'r hyn a gofid o'r ddawns hon. Disgrifiwyd y stepio gan rai o'r gwragedd lleol fel rhyw fath o shyffle traed – rhyw fath o chwipio blaen y troed yn ôl ac ymlaen yn gyflym gan greu sŵn clecian. Pan ofynnais a oedd y stepio hwn yn debyg i hwnnw o ardal Porth Eynon, atebodd un o'r gwragedd yn eitha llym, 'Weem better steppers than they!' Erbyn heddiw rydym yn hapus i ddefnyddio unrhyw gyfuniad o'n stepio traddodiadol yn y ddawns hon.

Dawns arall lle cyfeirir at stepio yw 'Ffair Caerffili', dawns orymdeithiol o gasgliad Nantgarw. Mae disgrifiad Margretta Thomas o stepio'r ddawns hon yn fy atgoffa o rai o'r symudiadau a welir yn y dawsiau Morris o ardal y Cotswolds. Wrth adfywio'r ddawns hon mae CDdWC wedi ychwanegu stepio 'toby' i'r dynion ar y diwedd.

Roedd Margretta hefyd wedi rhoi disgrifiad o'r stepio neu'r cicio yn y ddawns 'Gŵyl Ifan'. Mae'n sôn am y dynion yn rhoi lle i'w gilydd i neidio'n egnïol a chicio'n gryf i'r ochr. Dydyn ni ddim eto wedi dehongli'r disgrifiad hwn yn dda. Yn y dehongliad cyfoes, nid yw'r cicio cychwynnol hwn gan y dynion yn cynnwys elfen ddigonol o gystadleuaeth rhyngddynt ac mae, o bosibl, yn mynd yn rhy unffurf. Nid yw'n cynnwys y cicio egnïol i'r ochr a'r cordeddu. Efallai y byddai cip ar glocsio dawnswyr Appalachaidd Gogledd America yn gymorth i gyflawni'r disgrifiadau o ddawnsio nerthol a geir gan Margretta.

properly before they learned to clog. Teachers on the society weekend courses would also encourage us to improve our posture, which in turn led to improved dance movement. My daughter Nia, who had at least nineteen years of professional dance lessons, would talk to me about the importance of using core muscles to improve body strength, which would certainly contribute to ease and increase the enjoyment of dancing.

So, what have I learnt over time about how to dance well. What constitutes good dancing?

Folk dancing, in common with other forms of dance, includes a buoyant walk with the body weight kept over the feet. Dancers should hold themselves erect with shoulders relaxed and soft knees, but with a strong core and good balance. The body leads, not the feet, with movement from the hips, and the necessary push comes from the non-leading foot. Leading with the foot instead of the body tends to make the toes point up to the sky and the body lean backwards. Mistakes like lifting your shoulders to help you move should be avoided. Preparing to move in a dance is as important as ensuring that every figure flows easily. The hands should be held naturally so that they can follow the movement of the body or follow specific instructions, such as when the girls tease the boys with their flower garlands. In Wales, when dancing a reel or jig step, the feet are kept close to the floor without raised knees.

When executing turns with your partner, you should remember to keep your frame strong and let the weight between the two of you be equally distributed. If one partner dominates, the other is pushed off-balance. When dancing a circle, do not allow your arms to be either squashed or stretched right out, and use your own strength to counter this – aim for a relaxed V-shape with your upper arm away for your body and keeping your hand roughly at shoulder height. Turn your upper body towards the centre of the circle by twisting at the waist if you are dancing a reel step (not a slip-step), with your lower body and feet facing the direction you are travelling. When dancing with a team it is important that appropriate and equal spacing between dancers is maintained throughout the dance. Each dancer should be aware of

Ers i mi gael fy nghyflwyno i ddawnsio gwerin Cymru yn gynnar yn y 1960au, mae stepio mwy egnïol wedi datblygu yn y dawnsiau, lle bo hynny'n addas. Rwy'n credu bod hynny'n ffordd o adfeddiannu agwedd goll y dawnsiau hyn gan adlewyrchu anian angerddol y Celtiaid.

Gwella eich dawnsio

Pan fyddaf yn ystyried sut i wella ein harddull wrth ddawnsio, caf fy atgoffa am lawer o bethau a ddysgais ar fy nhaith dawnsio fy hun. Fel dawnswraig ifanc, ddibrofiad, des i ddeall sut mae dawnswyr da yn symud. Dysgais i hynny, yn syml, drwy ddawnsio gyda nhw a phrofi sut roedd y symudiadau yn teimlo. Gwellodd fy nhechneg ddawns yn weddol fuan gan i mi fod yn hynod ffodus i gael nifer o athrawon gwych yn ogystal â chyd-ddysgwyr a oedd yn barod iawn i'm cynorthwyo a'm cefnogi. Weithiau byddai hynny ar ffurf sylw cyffredinol neu feirniadaeth ysgafn.

Er enghraifft, pan fyddai Owen Huw yn galw heibio i weld fy nhîm y noson cyn y brif gystadleuaeth ddawns yn yr Eisteddfod Genedlaethol, byddai bob amser yn cynnig gair o gyngor. Yn benodol, roedd yn hoffi gweld gwrthgyferbyniad rhwng cryfder ac ystwythder y bechgyn yn y tîm ac elfen chwareus o fenyweidd-dra gan y merched. Er yn adnabyddus am ei glocsio, roedd Owen Huw hefyd yn ddawnsiwr gwych. Byddai'n aml yn pwysleisio wrth ei ddisgyblion y dylent ddysgu dawnsio a symud yn iawn cyn iddynt ddysgu clocsio. Byddai'r athrawon ar gyrsiau penwythnos y gymdeithas hefyd yn ein hannog i wella ein hystum corfforol, sydd yn ei dro yn arwain at wella sut mae rhywun yn symud mewn dawns. Byddai fy merch Nia, a oedd wedi derbyn dros bedair blynedd ar bymtheg o wersi dawns broffesiynol ei hun, yn aml yn pwysleisio i fi bwysigrwydd defnyddio'r cyhyrau craidd i wella cryfder corfforol wrth ddawnsio. Mae hynny yn sicr yn cyfrannu'n sylweddol at rwyddineb y symudiadau a'r mwynhad o ddawnsio.

Felly, beth ydw i wedi ei ddysgu dros amser am sut i ddawnsio'n dda a beth yn wir yw dawnsio da?

Yn debyg i ffurfiau eraill o ddawnsio, mae dawnsio gwerin yn galw am gerddediad heini, gan gadw pwysau'r corff uwchben y traed. Dylai

their space and where they are, and should be in relation to the other dancers.

What about style in Welsh folk dancing, you may ask? It is impossible to be pedantic about this. Folk dancing is a revived tradition in Wales, and our knowledge is second-hand. Length of stride, however, can make a considerable difference to the overall appearance and flow of a dance. Some teams enjoy an open, flowing style, while others prefer a neater, more restrained look. Within both styles, the little things count, such as smiling, rapport between dancers, lightness of step and use of the head and eyes to complete a movement.

As a team, and for a particular dance, every dancer should be aware of what is required in terms of both their own technique and the need to blend into the whole performance. Complex figures should be timed correctly so that there is no waiting around for the next figure to start and the music should be fully used. When the pattern is clear, and the dance well timed, the audience understands and enjoys the dance more.

However, within this discipline, the joy of the dance, of putting foot to floor, should show. I like to think of Welsh folk dancing, particularly the fair dances, as a moving tapestry. While the pattern itself is held secure, it is richly embroidered by the personalities of the individual dancers – this should be appreciated rather than creating a kind of cloning of one type of dancer. The audience wants to share in the fun and each dancer contributes to this in their own way – a flash of the eyes, a toss of the head, a flick of the skirt or even a shout. The most enjoyable dance performance is the one in which the hard work is not noticed, the figures being so well rehearsed that all that shows is the love of dance.

To compete or not to compete – that is the question!

As a nation, we are fond of competing in all forms of art and sport. In Wales, to win at the National Eisteddfod in all forms of music, dance, literature or art is viewed as the pinnacle of achievement. However, should we be holding folk dance competitions? Folk dancing has its roots in communal events and celebrations. To some people, competition spoils the fun and spontaneity. On the other hand, competition raises

dawnswyr sefyll yn dal gydag ysgwyddau ymlacedig a phen-gliniau meddal, ond gyda chyhyrau craidd cryfion a chydbwysedd da. Y corff sy'n arwain, nid y traed, gyda'r symudiad yn dod o'r glun – mae'r momentwm angenrheidiol i symud yn dod wrth i'r troed sefydlog wthio pwysau'r corff ymlaen. Mae arwain gyda'r traed yn hytrach na'r corff yn dueddol o wneud i flaen y troed bwyntio tua'r awyr sy'n achosi i'r corff bwyso tuag yn ôl. Dylid osgoi camgymeriadau fel codi'r ysgwyddau i geisio eich helpu i symud. Mae paratoi i symud mewn dawns yr un mor bwysig â sicrhau bod pob symudiad a ffigwr yn llifo'n esmwyth. Dylid dal y dwylo yn naturiol, fel y gallant ddilyn symudiadau'r corff neu ddilyn cyfarwyddiadau arbennig, er enghraifft, pan mae'r merched yn pryfocio'r bechgyn gyda garlantau o flodau. Yng Nghymru, pan fyddwn yn dawnsio cam ril neu jig, cedwir y traed yn agos i'r llawr, heb godi'r pen-gliniau.

Pan fyddwch yn troi gyda'r cymar dylech gofio i gadw ffrâm y corff yn gadarn gan sicrhau bod y pwysau'n gyfartal rhwng y ddau ohonoch chi. Os bydd un cymar yn rhy gryf mae'r llall yn colli cydbwysedd. Pan fyddwch yn dawnsio mewn cylch, peidiwch â gadael i'ch breichiau gael eu gwasgu yn agos i'ch corff neu gael eu tynnu ar led – defnyddiwch eich cryfder personol i sichrau nad yw hynny'n digwydd. Anewlch at greu siâp 'V' llac, gan ddal rhan uchaf y fraich oddi wrth y corff a'r dwylo mewn llinell gyda'r ysgwyddau. Pan fyddwch yn dawnsio cam ril, trowch ran uchaf y corff i wynebu canol y cylch drwy droi o'r wasg, tra bod rhan isaf y corff a'r traed yn wynebu'r cyfeiriad rydych yn teithio. Nid yw hynny'n berthnasol, wrth gwrs, os ydych yn dawnsio cam llithro. Pan fyddwch yn dawnsio mewn tîm mae'n bwysig cadw gofod priodol a chyfartal rhwng y dawnswyr drwy gydol y ddawns. Dylai pob dawnsiwr fod yn ymwybodol o'i ofod personol yn ogystal â'i leoliad mewn perthynas â'r dawnswyr eraill.

A beth am arddull neu dechneg yn nawnsio gwerin Cymru, meddech chi? Mae'n amhosibl bod yn bedantaidd ynglŷn â hynny. Traddodiad a gafodd ei adfywio yw ein dawnsio gwerin ni yng Nghymru, ac felly gwybodaeth ail-law sydd gennym. Serch hynny, mae hyd cam dawnsiwr yn gwneud gwahaniaeth sylweddol i ymddangosiad cyffredinol a llif y ddawns gyfan. Mae rhai timau'n mwynhau arddull sy'n llifo'n agored, tra bod eraill yn ffafrio arddull fwy cynnil a chymen. Beth bynnag yr arddull mae'r manylion bychain yn dal yn cyfrif fel, er enghraifft,

standards and increases skill. Improving skills makes the dancing more enjoyable. The body takes over from the thinking, allowing the emotions to surface.

The Llangollen International Eisteddfod chooses a winner from across the world, not only in skills but in the integrity of traditional dance and music. In a global, digital world, it is so easy to introduce a foreign element into a traditional dance by copying an inappropriate step or movement.

My feeling therefore is that competition is helpful if requirements are clearly specified and a careful eye is kept on the scope of the competition, be it traditional or modern. This can avoid disappointment for competitors when exact requirements, or versions of a published dance, are not made absolutely clear. A cautionary note for us moving forward with our developing Welsh folk dance traditions is sounded by Narendra Kotiyan, a Llangollen dance adjudicator:

The art forms which are as our ancestors left us should be understood and preserved. That is what we are trying to do at this unique festival. New art forms can only be evolved by modern man if the old art forms are correctly performed, and their origin and meaning are properly understood. Without this understanding new art forms will have neither roots nor purpose.[31]

Welsh solo dances

Descriptions of a small number of solo dances have been passed down to us within living memory. The most controversial solo dance for women is 'Morfa Rhuddlan', named after the tune associated with it. In fact, there are two tunes of the same name, one in 3/4 time and one in 4/4. The dance is often referred to as the 'Shawl Dance'. It is frequently suggested that it portrays the dancer lamenting the death of Llywelyn Ein Llyw Olaf, the last true Prince of Wales, in 1282. Margretta Thomas remembered Ann Lansan dancing the reel at the Noson Ddifyr (merry evening) which always followed the annual Sunday school walk and tea in Nantgarw. Ann is described as wearing a large paisley shawl, a long skirt, and danced a series of smooth circles; her feet were not visible so she may have been dancing a reel or other travelling step. The shawl was used to help

gwenu, cyd-berthynas y dawnswyr â'i gilydd, bod yn ysgafndroed a defnydd y pen a'r llygaid i orffen symudiad.

Mewn tîm, ac yn arbennig ar gyfer dawns benodol, dylai pob dawnsiwr fod yn ymwybodol o'r hyn sy'n ddisgwyliedig o ran eu techneg personol a'r angen i ymdoddi i'r perfformiad fel cyfanwaith. Dylid amseru ffigyrau cymhleth yn gywir fel nad oes aros o gwmpas cyn symud i ffigwr nesaf y ddawns ac fel bod pob darn o'r gerddoriaeth yn cael ei ddefnyddio'n llawn. Pan fod y patrwm yn glir a'r ddawns wedi ei hamseru'n dda, mae'r gynulleidfa'n deall ac yn mwynhau'r ddawns dipyn mwy.

Serch hynny, o fewn disgyblaeth o'r fath dylai asbri naturiol dawnsio, y pleser o daro troed ar lawr, fod yn gwbl amlwg hefyd. Rwy'n hoffi meddwl am ddawnsio gwerin, yn enwedig y dawnsiau ffair, fel tapestri symudol. Er bod y patrwm ei hun yn sefydlog, caiff ei frodio'n gyfoethog gan bersonoliaethau unigol y dawnswyr – dylid gwerthfawrogi hynny yn hytrach na cheisio creu clôn o un math yn unig o ddawnsiwr neu ddawnswraig! Mae'r gynulledifa am rannu'r hwyl ac mae pob dawnsiwr yn cyfrannu at hynny yn ei ffordd ei hun, boed drwy fflachio llygaid direidus, tafliad pen, chwip chwareus sgert neu hyd yn oed waedd. Y perfformiad sy'n plesio fwyaf yw hwnnw lle nad yw'r gwaith caled y tu ôl i'r ddawns i'w weld – pan fydd y ffigyrau wedi eu hymarfer mor dda fel mai'r cyfan a welir yw cariad at ddawns.

Felly, cystadlu neu beidio â chystadlu – dyna'r cwestiwn!

Fel cenedl, rydym yn mwynhau cystadlu ym mhob maes celfyddyd neu chwaraeon. Yng Nghymru mae ennill yn yr Eisteddfod Genedlaethol, ym mha bynnag faes, cerddordiaeth, dawns, llên neu gelf, yn binacl ar gyflawniad personol. Serch hynny, a ddylem fod yn cynnal cystadlaethau dawnsio gwerin? Gorwedd gwreiddiau dawnsio gwerin mewn digwyddiadau cymunedol a dathliadau. I rai pobl mae cystadlu yn difetha hwyl a natur ddigymell dawns. Ar y llaw arall, mae cystadlu yn codi safonau ac yn cynyddu sgil. Mae gwella sgiliau yn gwneud y dawnsio'n fwy pleserus. Mae'r corff yn disodli'r meddwl ac yn rhoi cyfle i'r emosiynau ddod i'r wyneb.

Mae Eisteddfod Ryngwladol Llangollen yn dewis enillwyr o bedwar ban byd, nid yn unig ar sail sgil dawnsio ond hefyd ar sail pa mor

Mrs Löis Blake with members of the society in front of the tent at the National Eisteddfod in Flintshire in 1969. In the foreground is a poster advertising a 'Twmpath Dance'. The dancing figure was from Löis' own work.

Mrs Löis Blake gydag aelodau'r gymdeithas o flaen y babell yn Eisteddfod Sir Fflint yn 1969. O'u blaen mae poster yn hysbysebu twmpath. Gwaith artistig Löis ei hun oedd darlun y ddawnswraig a welir arno.

From the left / o'r chwith: WS Gwynn Williams (Chairman/Cadeirydd), Ann Cleaver, W Emrys Cleaver (Treasurer/Trysorydd), Miss Katie Davies, ?, Miss Felicity Blake, Jessie Williams, Jim Hormon, Mrs Löis Blake (President/Llywydd), Miss Beti Gwynn Williams, Mrs Glenys Cleaver, Dr Jac Thomas, Mrs Frances Môn Jones (Secretary/Ysgrifenyddes), Miss Alice Williams, Roy Hurman, ?, Iolo ab Eurfyl

Photo / Llun: Welsh Folk Dance Society / Cymdeithas Ddawns Werin Cymru

portray the story; for instance, to hide behind or to indicate fighting. Löis Blake considered the dance to be an individual creation and not traditional. However, it does commemorate a significant event in our history as a nation. The use of the shawl is interesting, as we find shawl dances among the folk dances of Spain. The smooth movement of the dancer, described by Margretta, could also be compared to that of the Georgian women of southern Russia. I once saw a performance by Georgian dancers. The men were very powerful; the women were dressed in long white gowns, no feet were visible, they moved as if on casters. I felt that the lightest touch of my finger would make them move faster. Perhaps Ann Lansan's dance

driw yw eu perfformiad a'u cyflwyniad i draddodiad cerdd a dawns ei gwlad. Mewn byd sy'n gynyddol ddigidol, mae mor rhwydd i gyflwyno elfen estron i ddawns draddodiadol drwy gopïo camau neu symudiad anaddas.

Fy nheimlad i yw bod cystadlu yn gymorth os yw'r gofynion yn cael eu nodi'n benodol a llygad manwl yn cael ei gadw ar sgôp y gystadleuaeth, boed honno'n draddodiadol neu fodern. Gall hynny osgoi siom i gystadleuwyr pan nad yw'r union ofynion, neu gyhoeddiad penodol o ddawns, yn cael eu gwneud yn gwbl glir. Ceir nodyn o rybudd wrth i ni symud ymlaen gyda'n datblygiad o draddodiadau ein dawnsio gwerin yng Nghymru gan Narendra Kotiyan, beirniad dawnsio yn Eisteddfod Llangollen:

The art forms which are as our ancestors left us should be understood and preserved. That is what we are trying to do at this unique festival. New art forms can only be evolved by modern man if the old art forms are correctly performed, and their origin and meaning are properly understood. Without this understanding new art forms will have neither roots nor purpose.[31]

Dawnsiau gwerin unigol

Trosglwyddwyd disgrifiad o nifer fechan o ddawnsiau unigol i ni gan atgofion y rheini oedd yn eu cofio. Y ddawns unigol i ferched fwyaf dadleuol yw 'Morfa Rhuddlan' a enwyd ar ôl yr alaw a gysylltir â hi. Mewn gwirionedd mae dwy alaw o'r un enw, un gydag amseriad 3/4 a'r llall yn 4/4. Cyfeirir at y ddawns hon yn aml fel 'Dawns y Siôl'. Awgrym cyson yw mai galarnad wedi marwolaeth Llywelyn ein Llyw Olaf, Tywysog olaf Cymru, yn 1282, sy'n cael ei phortreadu gan y ddawnswraig. Cofia Margretta Thomas weld Ann Lansan yn ei dawnsio yn y noson lawen a fyddai'n dilyn taith gerdded a the parti blynyddol yr ysgol Sul yn Nantgarw. Disgrifir Ann yn gwisgo sgert hir a siôl fawr bersli amdani. Byddai ei dawns yn cynnwys cyfres o gylchoedd llyfn; doedd dim modd gweld ei thraed felly mae'n bosibl y byddai wedi bod yn dawnsio ril neu ryw gam teithio tebyg. Defnyddiwyd y siôl i gynorthwyo datblygiad y stori, er enghraifft i guddio y tu ôl iddi mewn ofn neu ei throi a'i throsi'n gyflym i gynrychioli'r brwydro ei hun. Roedd Löis Blake o'r farn mai dawns wedi ei chreu gan unigolyn oedd

Early photograph showing some members of the Welsh Folk Dance Society

Llun cynnar yn dangos aelodau o Gymdeithas Ddawns Werin Cymru

Gwen Taylor, Annie Rogers, WS Gwynn Williams, GG Evans, Emrys Cleaver, Enid Daniels Jones, Löis Blake, Mrs Storry-Jones, Alice E Williams, Gwennant Gillespie

would have portrayed a similar effect. At the end of her performance, Ann would bend low towards the audience, with the shawl covering her head: Wales cowed but not defeated. I would like to see more attention given to the dance, especially the footwork. It would be a shame to lose it completely, given that when composing any new dance we draw upon our known tradition. Why should Ann not have done the same?

I am grateful to Jean Huw Jones and the late Babs Salter for their early efforts at the revival of 'Morfa Rhuddlan'. I myself danced it in the late 1970s, using both the 4/4 and 3/4 tunes. My daughter Nia competed in the step dance competition at the Cardiff National Eisteddfod 2008 with her interpretation of 'Morfa Rhuddlan'. She displayed a variety of smooth steps and expertly used her shawl to tell the story.

Another solo, 'Dawns y Marchog', this time for men, was also often performed at a 'Noson Ddifyr' following the annual walk and tea

hon yn hytrach na dawns draddodiadol. Serch hynny, mae yn coffáu digwyddiad arwyddocaol a thyngedfennol yn ein hanes fel cenedl.

Mae defnydd o'r siôl yn ddiddorol oherwydd gwelir dawnsiau yn defnyddio siôl yn nawnsiau gwerin Sbaen yn ogystal. Gellir cymharu symudiad llyfn y ddawnswraig a ddisgrifir gan Margrettta Thomas i symudiadau'r merched Georgiaidd o dde Rwsia hefyd. Ces i gyfle i weld y dawnswyr hynny un tro. Roedd y dynion yn ddawnswyr hynod bwerus. Gwisgai'r merched ffrogiau hir gwyn oedd yn cuddio'u traed a symudent yn llyfn ryfeddol, bron fel pe baent yn symud ar olwynion. Teimlwn y byddai cyffyrddiad ysgafnaf fy mys ynddynt yn eu gwneud i symud ynghynt. Efallai y byddai dawns Ann Lansan wedi cyfleu effaith debyg. Ar ddiwedd ei pherfformiad byddai Ann yn plygu'n isel tuag at y gynulleidfa gyda'r siôl yn cuddio'i phen fel pe bai'n cynrychioli Cymru yn benisel, ond heb ei gorchfygu. Hoffwn weld mwy o sylw yn cael ei rhoi i'r ddawns hon, yn enwedig o ran y gwaith traed. Byddai'n drueni ei cholli'n gyfan gwbl gan ein bod i gyd, wedi'r cyfan, yn tynnu ar ein gwybodaeth o draddodiad wrth gyfansoddi unrhyw ddawnsiau newydd. Pam na ddylai Ann fod wedi cael cyfle i wneud yr un fath?

Rwy'n ddiolchgar i Jean Huw Jones a'r diweddar Babs Salter am eu hymdrechion cynnar i adfywio 'Morfa Rhuddlan'. Dawnsiais innau hi yn y 1970au gan ddefnyddio alawon 4/4 a 3/4. Dawnsiodd fy merch Nia ei fersiwn hi o 'Morfa Rhuddlan' yng nghystadleuaeth y ddawns stepio unigol i ferched yn Eisteddfod Genedlaethol Caerdydd yn 2008. Roedd ei chyflwyniad yn cynnwys amrywiaeth o gamau llyfn a defnyddiodd y siôl yn ddeheuig iawn i adrodd y stori.

Dawns unigol arall yw 'Dawns y Marchog' – ond dawns i ddynion yw hon. Dawnsiwyd hi yn aml iawn yn y nosweithiau llawen yn dilyn y daith gerdded flynyddol a'r te parti yn Nantgarw hefyd. Roedd Daniel Edmonds, dawnsiwr lleol adnabyddus, yn dawnsio'r ddawns o fewn fframwaith cylch, gan symud o'r canol i bedwar pwynt y cwmpawd yn eu tro. Mae'r ddawns hon hefyd yn cael ei hadnabod fel 'Dawns y Ceffyl Rhyfel'. Mae'r dawnsiwr yn dynwared ceffyl yn hanner carlamu gan ddal 'clychau ceffyl' yn agos i'w glustiau. Diddorol yw nodi bod gennym ddwy ddawns Gymreig arall lle mae'r dawnswyr yn dynwared anifeiliaid, sef 'Ceiliog y Rhedyn' a'r 'Ddafad Gorniog'.

Mae gennym ddwy ddawns unigol gyhoeddedig arall, sef 'Jig Llanwddyn' ac 'Yr Hudoles'. Cyhoeddodd WS Gwynn Williams y

party in Nantgarw. Daniel Edmonds, a renowned local dancer, would dance within a circle, moving from the centre to the four points of the compass in turn. The dance is also known as the 'Knights' Dance' or 'Dance of the Warhorse'. The dancer imitates cantering, while holding horse bells close to each ear. It is interesting to note that we have two other Welsh dances imitating animals, namely 'Ceiliog y Rhedyn' (Grasshopper Dance) and 'Y Ddafad Gorniog' (The Horned Ram).

We have two more published solo dances, 'Llanwyddyn Jig' and 'Yr Hudoles' (The Enchantress). The former, collected from a shepherd in the Berwyn Mountains in 1950, was published by WS Gwynn Williams. Two crossed sticks and a candle in a bottle were used. The tricks used are the familiar ones of dancing between and along the sticks, clapping under the legs and passing a broom from hand to hand, over and under the legs in a figure-of-eight movement. This pattern continued to be used by those of us clogging in the 1960s.

'Yr Hudoles' is a dance for a young woman, composed by Gwyn Williams 'Bangor', and based on a pattern of nine and a half circles. The nine and a half is a reference to a Halloween tradition where young girls would circle the church, each time blowing through the keyhole of the main door. Each circle in the dance depicts a love divination ritual believed to reveal their future husband. This is a step dance rather than a clog dance and ordinary low-heeled dance shoes should be worn. The dance proved popular with young girls who wanted to compete in solo dance competitions. And what of these competitions? Nowadays, it is common in Wales for females to dance a straight clog solo, whereas previously it was considered a male preserve.

In the 1970s I had lots of requests from children of both sexes for lessons in clog dancing. Thanks to classes with Owen Huw Roberts, I was able to teach some basic clog steps. However, it takes time to develop a full range of steps and the prevailing thinking at the time was to build a solo dance around a theme or story. I used themes such as haymaking, cockle gathering or, alternatively, stories from the *Mabinogion*. One dance described the shape of a daffodil. In another I put some of Gwyn's folk customs, as described in 'Yr Hudoles', into a dream sequence. For one very young child, who could also sing,

ddawns gyntaf yn 1950 ac mae'n debyg i'r jig gael ei chofio gan hen fugail o fynyddoedd y Berwyn. Yn y ddawns defnyddiwyd cannwyll mewn potel a dwy ffon wedi eu croesi. Mae'r triciau a ddefnyddir yn rhai digon cyfarwydd, er enghraifft, dawnsio rhwng y ffyn ac ar eu hyd, curo dwylo a symud yr ysgub o law i law, dros ac o dan y coesau mewn rhyw fath o ffigwr wyth. Roedd y patrwm hwn yn dal yn cael ei ddefnyddio gan y rheini ohonom oedd yn clocsio yn y 1960au.

Dawns unigol i ferch ifanc a gyfansoddwyd gan Gwyn Williams 'Bangor' yw 'Yr Hudoles' ac mae wedi ei ffurfio ar batrwm o naw cylch a hanner. Mae'r naw cylch a hanner yn gyfeiriad at draddodiad Calan Gaeaf lle byddai merched ifanc yn cylchynu'r eglwys leol gan chwythu i dwll y clo bob tro y byddent yn mynd heibio'r drws. Mae pob cylch yn cynrychioli hen arfer neu ddefod hudoliaeth a fyddai, yn ôl y gred, yn datgelu i'r ferch pwy fyddai ei darpar ŵr. Dawns stepio yw hon yn hytrach na dawns glocsio a dylid gwisgo esgidiau dawnsio sodlau isel i'w dawnsio. Profodd y ddawns hon yn boblogaidd iawn gyda merched ifanc oedd am gystadlu mewn cystadlaethau dawnsio gwerin ungiol. A beth am y cystadlaethau hynny? Erbyn hyn yng Nghymru, rydym wedi hen arfer â gweld merched yn perfformio dawns glocsio neu stepio unigol, lle cynt byddai'n diriogaeth y dynion yn unig.

Yn y 1970au byddwn yn cael ceisiadau niferus gan fechgyn a merched ifanc oedd yn awyddus i ddysgu clocsio. Diolch i wersi gan Owen Huw, roeddwn yn gallu dysgu rhai camau clocsio sylfaenol. Serch hynny, mae'n cymryd amser i ddatblygu ystod eang o stepiau, a'r meddylfryd yn y cyfnod hwnnw oedd i adeiladu dawns unigol o gwmpas thema neu stori. Defnyddiais themâu fel cywain gwair, casglu cocos ac weithiau straeon o chwedlau'r Mabinogi. Roedd un ddawns yn darlunio siâp cenhinen pedr. Mewn dawns arall defnyddiais rai o'r arferion gwerin a ddisgrifiodd Gwyn yn 'Yr Hudoles' er mwyn creu'r cysyniad o freuddwyd. Ar gyfer un ferch fach ifanc iawn a fedrai ganu hefyd, creais ddawns yn seiliedig ar ei thedi-bêr gan ddefnyddio'r hwiangerdd 'Heno, heno, hen blant bach'. Ar gyfer fy merch Nia, cyfansoddais ddawns o'r enw 'Y Gwanwyn'. Defnyddiais groes o flodau ar y llawr a 'Llygaid y Dydd' ar gyfer yr hen arfer gwerin o dynnu petalau blodyn un ar y tro i weld a oedd rhywun yn eich caru.

Byddai llawer o gyw-clocswyr yn adeiladu cyfres o stepiau ar gyfer dawnsiau unigol neu grŵp bychan ar gyfer cystadleuaeth neu

I choreographed a dance based on her teddy bear and the nursery song, 'Heno, heno, hen blant bach'. For my daughter Nia, I composed 'Y Gwanwyn', based on a cross of flowers on the floor and using a daisy to tear off the petals while saying, 'He loves me, he loves me not'.

Many budding clog dancers would put together a sequence of steps for a solo or small group, either for competition or performance. As Parti Prifysgol Abertawe we would frequently create our own sequences. In one instance, myself, Terry Williams, Mike Hughes, John Elfyn Jones and Steve Knott, even made it on to the BBC's *Come Dancing* in the 1960s, as the offbeat section. Our performances over a period of weeks drew great audience support and was great publicity for traditional Welsh clog dancing.

berfformiad. Fel dawnswyr Parti Prifysgol Abertawe, byddem yn aml yn creu ein cyfresi clocsio ein hunain. Ar un achlysur yn y 1960au, cyrhaeddodd Terry Williams, Mike Hughes, John Elfyn Jones, Steve Knott a minnau raglen deledu'r BBC *Come Dancing* o dan bennawd yr adran ddawnsio 'anghonfensiynol'. Denodd ein perfformiad gynulleidfa niferus dros gyfnod o wythnosau ac roedd yn hysbyseb wych i glocsio traddodiadol Cymru.

CHAPTER 4

My Dances

OVER THE YEARS new dances have been added to the Welsh folk dance tradition and published by the WFDS. However, you might ask how well are these new dances accepted? I often think that they are like new foods given to a baby. They are strange and unfamiliar at first, some are destined to become firm favourites, others to be enjoyed occasionally, and some will be spat out and never tried again. Experience has shown that new dances will be accepted into the tradition when strongly favoured by the dancers themselves.

How does one set about composing a new dance? To some it's a germ of an idea, to others it may be a mathematical arrangement of traditional figures to fit a particular tune. A new dance may even be inspired by a building, a particular environment or activity. For example, on a trip to London we visited a café near Heathrow Airport. The entrance was through a revolving door. John asked me, 'Why did you go around three times?' The answer, 'I was thinking up a dance.' The dance masters of the eighteenth and nineteenth centuries would perhaps begin with a tune and use well-known dance figures to create a fresh dance as a source of income.

Contemporary composers may adjust or embellish a figure or use it in a new way to give fresh enjoyment. This is a natural development of dance and, provided due attention is given to the way the figures flow into each other and complement the music, a pleasing dance may be produced.

Pat Shaw was a master of using traditional figures in a new way. Consider, for example, that firm favourite, 'Tŷ Coch Caerdydd'. Pat emphasised the use of an elevated three-hand star to represent the

PENNOD 4

Dawnsiau a gyfansoddais

DROS Y BLYNYDDOEDD ychwanegwyd dawnsiau newydd i'r traddodiad dawnsio gwerin yng Nghymru a'u cyhoeddi gan CDdWC. Serch hynny, efallai y byddech chi'n holi pa mor dda mae'r dawnsiau newydd hyn yn cael eu derbyn? Rwy'n aml yn meddwl eu bod fel bwydydd newydd sy'n cael eu rhoi i faban. Maen nhw'n ddieithr ac angyfarwydd i ddechrau – bydd rhai yn debygol o dyfu'n ffefrynnau cadarn tra bydd eraill yn cael eu poeri allan a byth yn cael eu cyffwrdd eto! Mae profiad wedi dangos y bydd dawnsiau newydd yn cael eu derbyn fel rhan o'r traddodiad pan fyddant yn cael eu mwynhau a'u ffafrio'n gryf gan y dawnswyr eu hunain.

Sut mae mynd ati i ysgrifennu dawns newydd felly? I rai, mae'n tyfu o egin syniad, i eraill efallai ei fod yn fwy o drefniant mathemategol o ffigyrau traddodiadol ar gyfer alaw arbennig. Gall hyd yn oed adeilad, gweithgaredd neu amgylchedd arbennig ysgogi syniadau am ddawns newydd. Er enghraifft, ar wibdaith i Lundain un tro aethom i gaffi yn agos i Faes Awyr Heathrow. Roedd y mynediad iddo drwy un o'r drysau hynny sy'n troi'n gylch parhaus. Wedi i mi gyrraedd y caffi holodd John pam es i o gwmpas yn y drws dair gwaith. Fy ateb? 'Roeddwn yn cynllunio dawns.' Byddai meistri dawns y 18fed a'r 19eg ganrif, efallai, yn dechrau gydag alaw ac yna'n defnyddio ffigyrau cyfarwydd i greu dawns fel modd o greu incwm.

Bydd cyfansoddwyr cyfoes efallai yn addasu neu'n addurno ffigwr neu yn ei ddefnyddio mewn ffordd wahanol i roi mwynhad o'r newydd. Mae hwn yn ddatblygiad naturiol ym myd dawns, ac ar yr amod bod sylw digonol yn cael ei roi i'r modd y mae'r ffigyrau'n llifo i'w gilydd ac yn asio gyda'r gerddoriaeth, gellir cynhyrchu dawns bleserus.

towers of Castell Coch. He also used a traditional 'bridging' figure in a new way. His more challenging dances involve changes of rhythm and careful timing of complex figures. He would often indicate the degree of difficulty a dance might present. For example, in his collection *Quartet*,[32] he describes the four dances as being for the connoisseur rather than for what he describes as 'Saturday night Rompers'.

In Wales we are sometimes asked to compose a dance to a given title or subject when we enter a competition to create a new dance. Here we are faced with a very different task. We may have to reflect a mood or tell a story, but we must still use traditional dance patterns. We must strive to produce a dance that will not stray too far from our known dance history. I think that in some cases we can take inspiration from studying our processional dances, such as 'Rali Twm Siôn', 'Dawns y Pele' and Ffair Caerffili', with their exciting consecutive series of different figures.

I had been dancing for many years before I attempted to compose dances. As I have already mentioned, I began dancing with Parti Prifysgol Abertawe in the 1960s. I taught Tawerin for about twenty-five years but took a break to study writing fiction. T Anne Morris, who was at that time deputy head at Ysgol Gyfun Gŵyr, Gowerton, took my place. She was already an experienced folk dance teacher, and under her tuition the team successfully continued to develop their style and quality of dancing.

During my time with Tawerin I battled with interpreting both the Llangadfan and Nantgarw dances. From 1960 to 2010 I danced and/or choreographed at least nine versions of 'Rali Twm Siôn' as I tried to get to grips with Margretta's notes, which were eventually published in full in *Dawns* 1973/74.[33] It took time for dancers and adjudicators to accept new interpretations of the Nantgarw dances. Even today, there are some parts of Margretta's descriptions that are difficult to interpret despite our current understanding of Welsh dance figures. Similarly, dancers across Wales have met to resolve problems arising when interpreting sections of the Llangadfan dances.

The first dances I composed were solo dances for young clog dancers who wanted to compete at the Urdd Eisteddfod. The steps and figures were decided according to the age and skill of the dancers. However, I do not remember the details of these dances! I also wrote a couple of

Roedd Pat Shaw yn feistr ar ddefnyddio ffigyrau traddodiadol mewn ffyrdd newydd. Ystyriwch y ffefryn o ddawns, 'Tŷ Coch Caerdydd', er enghraifft. Pwysleisiodd Pat y dylid defnyddio ffigwr seren tair llaw ddyrchafedig gan ei fod yn cynrychioli tyrau Castell Coch. Defnyddiodd y ffigwr 'pontio' traddodiadol mewn dull newydd yn ogystal. Mae ei ddawnsiau mwy heriol yn cynnwys newid rhythm ac amseru gofalus o ffigyrau cymhleth. Byddai'n aml yn nodi lefel yr her a allai berthyn i ddawns benodol. Er enghraifft, yn ei lyfryn *Quartet,*[32] mae'n disgrifio'r pedair dawns fel rhai ar gyfer yr arbenigwr yn hytrach nag ar gyfer y rheini sy'n mwynhau dawnsio mwy anffurfiol gyda'r galwr yn cyfarwyddo symudiadau'r ddawns, neu'r 'Saturday night Rompers', chwedl Pat.

Yng Nghymru bydd y rheini ohonom sy'n dewis cystadlu ar greu dawns newydd weithiau yn cael teitl neu bwnc penodol wedi ei osod ar ein cyfer. Bryd hynny rydym yn wynebu tasg wahanol iawn. Efallai y bydd angen i ni grisialu awyrgylch benodol neu greu stori, ond mae dal angen i ni ddefnyddio patrymau dawns traddodiadol. Mae'n rhaid i ni ymdrechu i gyfansoddi dawns na fydd yn crwydro ymhell iawn oddi wrth yr hyn a wyddom am hanes ein dawnsio. Rwy'n credu, mewn rhai achosion, y gallwn chwilio am ysbrydolaeth yn ein dawnsiau gorymdeithio, er enghaifft, 'Rali Twm Siôn', 'Dawns y Pele' a 'Ffair Caerffili', sy'n cynnwys cyfresi olynol, cyffrous o ffigyrau gwahanol.

Bûm yn dawnsio am nifer o flynyddoedd cyn i mi fentro ar gyfansoddi dawnsiau. Fel y nodais eisoes, dechreuais ddawnsio gyda Pharti Prifysgol Abertawe yn y 1960au. Bûm yn hyfforddi Tawerin am dros chwarter canrif, gan gymryd egwyl i astudio ysgrifennu ffuglen. Trosglwyddwyd yr awenau i T Anne Morris a oedd yn ddirprwy bennaeth yn Ysgol Gyfun Gŵyr, Tre-gŵyr, ar y pryd. Roedd Anne eisoes yn hyfforddwraig dawnsio gwerin brofiadol ac o dan ei hyfforddiant llwyddodd y tîm i ddatblygu ansawdd ac arddull eu dawnsio yn barhaus.

Yn ystod fy nghyfnod gyda Thawerin, brwydrais i ddehongli dawnsiau Llangadfan a Nantgarw. Rhwng 1960 a 2010 roeddwn wedi dawnsio a threfnu o leiaf naw fersiwn o 'Rali Twm Siôn' wrth i mi geisio mynd i'r afael â nodiadau Margretta a gyhoeddwyd yn llawn yn ddiweddarach yn *Dawns 1973/74.*[33] Cymerodd amser i ddawnswyr a beirniaid dderbyn dehongliadau newydd o ddawnsiau Nantgarw. Hyd

twmpath dances, named after my children, hence 'Nia's Favourite' and 'William's Jig'. I did not think that I had the temerity or skill to write a figure dance. Nevertheless, in 1994 when the National Eisteddfod was held in the Vale of Neath, I was tempted for the first time. The given subject was 'Ffair Castell Nedd' (Neath Fair) – which is one of the oldest fairs in Wales and held in the town every September. After some thought, I decided to try to illustrate the funfairs I remembered so vividly from my childhood in Tenby during the 1940s and 1950s. The rest, as they say, is history – a new chapter in my dancing life had begun.

In this book I have included just three examples of my dances. My complete collection is published separately, including my notes on inspiration and interpretation which may be helpful to future generations. The degree of difficulty in my compositions varies from dance to dance and, for the more challenging ones, I would like to refer once again to the words of Pat Shaw:

> … there is a certain satisfaction… in getting to grips with the problems and overcoming them, and the satisfaction becomes total when the dance is so well known that it can be performed as effortlessly as the simplest party dance… Providing the social atmosphere of the learning stages is good, the toil and effort can actually contribute to the pleasure.[34]

Happy dancing,
Mavis

yn oed heddi, mae rhai rhannau o ddisgrifiadau Margretta yn anodd i'w dehongli, er gwaethaf ein dealltwriaeth ddiweddar o ffigyrau dawnsio gwerin Cymru. Yn yr un modd, mae dawnswyr ar draws Cymru wedi cyfarfod i geisio datrys problemau sy'n codi wrth ddehongli rhannau o ddawnsiau Llangadfan.

Dawnsiau unigol oedd y dawnsiau cyntaf a gyfansoddais, a hynny ar gyfer clocswyr ifanc oedd am gystadlu yn Eisteddfod yr Urdd. Penderfynwyd ar y camau a'r ffigyrau yn unol ag oed a sgiliau'r dawnswyr. Serch hynny, dydw i ddim yn cofio manylion y dawnsiau hyn bellach! Ysgrifennais rai dawnsiau twmpath hefyd gan eu henwi ar ôl fy mhlant – dyma 'Ffefryn Nia' a 'Jig William'. Doeddwn i ddim yn ddigon beiddgar i gredu bod gennyf yr hyfedredd i allu ysgrifennu dawns â ffigyrau ynddi. Fodd bynnag, yn 1994 pan ddaeth yr Eisteddfod Genedlaethol i Gastell Nedd a'r Cyffiniau, ces fy nhemptio am y tro cynta. Testun y gystadleuaeth i gyfansoddi dawns oedd 'Ffair Castell Nedd' – un o'r ffeiriau hynaf yng Nghymru sy'n cael ei chynnal yn y dref bob mis Medi. Ar ôl tipyn o bendroni penderfynais geisio portreadu hwyl a mwynhad ffeiriau fy mhlentyndod yn y 1940au a'r 1950au a oedd dal mor fyw yn fy ngof. Hen hanes yw hynny erbyn hyn – roedd pennod newydd yn fy mywyd dawnsio wedi dechrau!

Yn y llyfr hwn dydw i ddim wedi cynnwys ond tair esiampl o'r dawnsiau a gyfansoddais. Cyhoeddwyd fy nghasgliad llawn ar wahân. Yn y cyhoeddiad hwnnw rwy i wedi cynnwys fy nodiadau ar yr hyn a ysbrydolodd y dawnsiau, ynghyd â dehongliadau posib a fydd, efallai, yn ddefnyddiol i genedlaethau'r dyfodol. Mae lefel yr her yn fy nghyfansoddiadau yn amrywio o ddawns i ddawns ac ar gyfer y rhai mwy heriol, hoffwn gyfeirio unwaith eto at eiriau Pat Shaw:

> … there is a certain satisfaction… in getting to grips with the problems and overcoming them, and the satisfaction becomes total when the dance is so well known that it can be performed as effortlessly as the simplest party dance… Providing the social atmosphere of the learning stages is good, the toil and effort can actually contribute to the pleasure.[34]

Mwynhewch eich dawnsio!
Mavis

The complete list of dances I composed

Although the complete collection of my dances is published separately in the book *Mave's Welsh Folk Dances*,[35] I list them here for those who may be interested. As you will see, they vary from those composed for competitions to those composed to commemorate special dancing friends. I have also included, where possible, when they were composed and the nature of each dance.

Competition Dances

01: Ffair Castell Nedd (1994)
A display dance depicting the fun fairs of the 1950s
02 Cestyll yr Arglwydd Rhys (1996)
A challenging dance showing military and cultural aspects of the life of The Lord Rhys
03: Ffair y Bala (1997)
A fun and flirtatious dance
04: Cartref Dewi (2002)
A simple, serene figure dance
05: Jig y Celtiaid (2005)
Longways dance with Llangadfan figures
06: Ffair Llangyfelach (2006)
A fair dance with stepping sequences
07: Pen Pych (2008)
A five-couple longways dance
08: Castell Morlais (2008)
An elegant square dance
09: Walts y Cerddorion (2008)
A square dance with waltz sequences
10: Dawns Becca (2011)
A lively dance, about the Rebecca Riots
11: Penblwydd yr Arglwyddes (2017)
An elegant five-couple dance

Rhestr lawn o ddawnsiau a gyfansoddais

Er bod y casgliad llawn o'r dawnsiau a gyfansoddais wedi eu cyhoeddi ar wahân yn y gyfrol *Dawnsiau Gwerin Mave,*[35] rwy'n eu rhestru yma i'r rheini ohonoch chi fyddai, efallai, â diddordeb. Fel y gwelwch chi, maent yn amrywio o rai a gyfansoddwyd ar gyfer cystadlaethau i ddawnsiau a gyfansoddais i goffáu ffrindiau dawnsio arbennig. Rwy i hefyd wedi cynnwys pryd y cawsant eu cyfansoddi, a lle bo hynny'n bosibl, natur y ddawns ei hun.

Dawnsiau ar gyfer Cystadlaethau

01: Ffair Castell Nedd (1994)
Dawns arddangos sy'n portreadu ffeiriau hwyl y 1950au

02 Cestyll yr Arglwydd Rhys (1996)
Dawns heriol sy'n portreadu agweddau diwylliannol a milwrol bywyd yr Arglwydd Rhys

03: Ffair y Bala (1997)
Dawns fflyrtlyd a llawn hwyl

04: Cartref Dewi (2002)
Dawns syml, ddigynnwrf yn cynnwys ffigyrau

05: Jig y Celtiaid (2005)
Dawns uned hir yn cynnwys ffigyrau Llangadfan

06: Ffair Llangyfelach (2006)
Dawns ffair gyda chyfresi stepio

07: Pen Pych (2008)
Dawns uned hir i bump cwpl

08: Castell Morlais (2008)
Dawns gain ar ffurf uned sgwâr

09: Walts y Cerddorion (2008)
Dawns uned sgwâr gyda chyfresi o symudiadau walts

10: Dawns Becca (2011)
Dawns fywiog yn portreadu gwrthdystio Merched Beca

11: Penblwydd yr Arglwyddes (2017)
Dawns urddasol i bump cwpl

Tribute Dances

12: Dawns David John (2009)

A social dance, in memory of a fellow Welsh learner

13: Tom's Waltz (2014)

Named for Tom Harris, a talented musician

14: Y Filltir Sgwâr (2019)

A square dance in memory of Dai, Tawerin

Special Occasion Dances

15: Middleton Hall (2000)

For the opening of the National Botanic Garden of Wales

16: Middleton Waltz (2007)

For John at our wedding

17: Llwybrau'r Ardd (2010)

Tenth anniversary of the National Botanic Garden of Wales

18: Diamond Ring (2009)

Sixtieth anniversary of the Welsh Folk Dance Society

19: Dr Foster's Jig (2013)

Ninetieth anniversary of Gloucester Folk Dance Group

20: The Hucclecote Jig (2013)

Ninetieth birthday of Betty Rout, Gloucester

21: Difyrrwch Gwŷr Penfro (2017)

A social dance for Pat Shaw's centenary day in Pembroke

22: Hoffedd Harri Tudur (2017)

A duple minor dance for Pat Shaw's centenary

23: Cwrdd â Chariad (2015)

A courting step dance

24: Gwynfydd's Waltz (2012)

A Sicilian circle waltz, for Pen-y-Fai's fortieth anniversary

25: Mel's Challenge! (2012)

A DIY square dance, again for Pen-y-Fai's fortieth anniversary

26: Mwynderau Meinir (2011)

A birthday dance for Meinir Morgan, Tawerin

27: Castell Penfro (2020)

A thank-you display dance, for Dawnswyr Penfro

Dawnsiau Teyrnged

12: Dawns David John (2009)

Dawns gymdeithasol, er cof am gyd-ddysgwr y Gymraeg

13: Walts Tom (2014)

Enwyd ar gyfer Tom Harris – cerddor dawnus

14: Y Filltir Sgwâr (2019)

Dawns sgwâr Dai, yn cynnwys rhai hoff ffigyrau

Dawnsiau ar gyfer Achlysuron Arbennig

15: Neuadd Middleton (2000)

Dawns uned sgwâr, i ddathlu agoriad Gardd Fotaneg Genedlaethol Cymru

16: Walts Middleton (2007)

I John, ar achlysur ein priodas

17: Llwybrau'r Ardd (2010)

Pen-blwydd deg oed Gardd Fotaneg Genedlaethol Cymru

18: Modrwy Diamwnt (2009)

Pen-blwydd trigain Cymdeithas Ddawns Werin Cymru

19: Jig Dr Foster Jig (2013)

Pen-blwydd naw deg Grŵp Dawnsio Gwerin Caerloyw

20: Jig Hucclecote (2013)

Pen-blwydd naw deg Betty Rout, Caerloyw

21: Difyrrwch Gwŷr Penfro (2017)

Dawns gymdeithasol syml ar gyfer diwrnod canmlwyddiant Pat Shaw ym Mhenfro

22: Hoffedd Harri Tudur (2017)

Dawns gymdeithasol syml i ddathlu canmlwyddiant Pat Shaw

23: Cwrdd â Chariad (2015)

Dawns garu a stepio

24: Walts Gwynfydd (2012)

Walts cylch Sisiliaidd, i ddathlu pen-blwydd deugain Dawnswyr Pen-y-Fai

25: Her Mel! (2012)

Dawns i 'greu-eich-hun', eto ar gyfer pen-blwydd deugain Dawnswyr Pen-y-Fai

26: Mwynderau Meinir (2011)

Dawns gymdeithasol i ddathlu pen-blwydd Meinir Morgan, Tawerin

Twmpath Dances

28: Hwyl Ffos Las (2009)

A circle dance for the opening of the racecourse

29: Patagonia Polka (2018)

A social dance, double circle

30: Mave's Circle Mixer (2009)

A single circle dance

31: Polka Prifysgol (1995)

Tawerin's twentieth anniversary

32: Pibddawns Helen (1980)

A partner step dance

33: Dawns y Dysgwyr (2005)

A three-couple set for my Welsh learners in Burry Port

34: Nia's Favourite (1977)

A Sicilian circle

35: William's Jig (1980)

A longways duple minor

Three examples from the list of dances I composed

- 'Ffair Castell Nedd' – the first competition dance I composed.
- 'Dr Foster's Jig' – one of my Gloucester dances. The tune 'The Cheltenham Busker' was composed by Isaac J Williams.
- 'Y Filltir Sgwâr' – composed in honoured memory of my dear friend, David Williams, fellow dancer throughout the years of Parti Prifysgol Abertawe, Dawnswyr Tawe and Tawerin.

27: Castell Penfro (2020)
Dawns arddangos, i ddiolch i Ddawnswyr Penfro

Twmpath Dances

28: Hwyl Ffos Las (2009)
Dawns gylch, syml

29: Polca Patagonia (2018)
Dawns gymdeithasol, ffurf cylch dwbl

30: Cylch Cymdeithasu Mave (2009)
Dawns gylch – sengl

31: Polca'r Brifysgol (1995)
Dawns i ddathlu pen-blwydd ugain oed Tawerin

32: Pibddawns Helen (1980)
Dawns stepio i bartneriaid

33: Dawns y Dysgwyr (2005)
Dawns i dri chwpl ar gyfer fy nghyd-ddysgwyr y Gymraeg ym Mhorth Tywyn

34: Ffefryn Nia (1977)
Cylch Siciliaidd

35: Jig William (1980)
Uned hir ddeubar

Tair esiampl o ddawnsiau a gyfansoddais

- 'Ffair Castell Nedd' – y ddawns gyntaf a gyfansoddais ar gyfer cystadleuaeth.
- 'Jig Dr Foster' – un o'm dawnsiau 'Caerloyw'. Cyfansoddwyd yr alaw 'The Cheltenham Busker' gan Isaac J Williams.
- 'Y Filltir Sgwâr' – cyfansoddwyd fel teyrnged anrhydeddus i'm ffrind annwyl, David Williams, cyd-ddawnsiwr drwy gydol blynyddoedd Parti Prifysgol Abertawe, Dawnswyr Tawe a Thawerin.

'Ffair Castell Nedd – The Neath Fair'

In 1994 'Ffair Castell Nedd' was the subject given for the competition to compose a Welsh folk dance at the National Eisteddfod in Neath. Other than the subject, no parameters were given; competitors were free to select form, rhythm, tune as well as the number of dancers. Initially I wondered how to interpret this subject. The dances from the Nantgarw and Caerphilly areas, recollected by Margretta Thomas, were generally referred to as 'fair' dances. They are lively, showy dances and some are processional in nature. These dances were regularly performed at the old fairs and other seasonal celebrations. However, to represent a more modern fair, I decided to put together a series of movements, in traditional style, that would paint a picture of the fairs I had visited while growing up in Pembrokeshire in the 1950s. I chose a three-hand formation, a flirtatious form recurring across the centuries, each man having two lady partners. I was delighted to win on my first attempt at a competition.

In this dance, as in all my subsequent dances, I aimed to create the patterns of the dance but to allow room for individual interpretation and steps. I love to see, especially in the fair dances, a tapestry affect showing clearly defined patterns embroidered with individual flair from each dancer.

The dance was first set for the main folk dance competition at the Llandeilo National Eisteddfod in 1996. Who can forget the winning performance by Cwmni Dawns Werin Caerdydd who performed the dance as I had imagined it, in 1950s style, complete with the girls' ankle socks and the men's Teddy Boy hairstyles!

This dance is a challenge for any team, but great fun for both dancers and audience.

'Ffair Castell Nedd – The Neath Fair'

Yn 1994, 'Ffair Castell Nedd' oedd y testun ar gyfer y gystadleuaeth i gyfansoddi dawns werin yn Eisteddfod Genedlaethol Castell Nedd a'r Cylch. Heblaw'r testun ei hun, ni roddwyd unrhyw ffiniau penodol – roedd cystadleuwyr yn rhydd i ddewis ffurf, rhythm ac alaw, yn ogystal â'r nifer o ddawnswyr. I ddechrau, pendronais dipyn ynglŷn â sut i ddehongli'r testun. Yn gyffredinol, roedd y dawnsiau o ardaloedd Nantgarw a Chaerffili a gofiai Margretta Thomas yn cael eu disgrifio fel dawnsiau 'ffair'. Maent yn ddawnsiau bywiog, lliwgar ac mae rhai ohonynt yn orymdeithiol eu natur. Perfformiwyd y dawnsiau hyn yn gyson mewn hen ffeiriau a dathliadau tymhorol eraill. Serch hynny, i gynrychioli ffair fodern, penderfynais dynnu at ei gilydd cyfres o symudiadau, traddodiadol eu harddull, a fyddai'n creu darlun a blas o'r ffeiriau roeddwn wedi eu mynychu fel plentyn yn tyfu i fyny yn Sir Benfro yn y 1950au. Dewisais ffurf triawd, arddull fflyrtiog sydd wedi ei hailadrodd dros y canrifoedd, gyda dyn a dwy ferch fel cymheiriaid. Roeddwn wrth fy modd i ennill, y tro cyntaf i mi drio fy llaw ar gystadlu!

Yn y ddawns hon, fel yn fy nawnsiau eraill i gyd, anelais at greu patrymau'r ddawns ond gan adael lle ar gyfer dehongliadau a stepiau o ddewis personol. Rwy i wrth fy modd yn gweld, yn enwedig yn y dawnsiau ffair, rhyw effaith debyg i frodwaith gyda'r patrymau clir a phendant wedi eu brodio yn grefftus gan ddawn a phersonoliaeth pob dawnsiwr unigol.

Gosodwyd y ddawns ar gyfer y brif gystadleuaeth dawnsio gwerin am y tro cyntaf yn Eisteddfod Genedlaethol Llandeilo yn 1996. Pwy all beidio â chofio perfformiad buddugol Cwmni Dawns Werin Caerdydd, a berfformiodd y ddawns fel roeddwn wedi ei dychmygu, gydag arddull y 1950au, gan gynnwys sanau pigwrn gwyn y merched a gwallt *Teddy Boy* y dynion!

Mae'r ddawns hon yn her i unrhyw dîm, ond yn llawer iawn o hwyl i ddawnswyr a chynulleidfa, fel ei gilydd.

'Ffair Castell Nedd – The Neath Fair'

Form: Four sets of threesomes, man with a woman on each side

Tunes: Reel, or jig from No. 3 onwards if preferred, e.g., Môn or Llancesau Trefaldwyn

1: To the Fair and the Swing Boats

A1	1-16	Lead on to the stage in circle formation anticlockwise, ending in four rows of three, facing front.
B1	1-16	Threesomes dance alternately to the left and right (threesomes 1 and 3 start to the right, 2 and 4 to the left; two bars for each movement, Fig. 1). Alternating with moving right or left, dancers may step on the spot for two bars.

2: The Caterpillar

A2	1-16	The women dance forward, veering to their right while the men follow man 4 to the bottom of the set veering to their right (Fig. 2): the women form arches and the men dance under them, man 4 leading (Fig. 3). The left-hand women and the men arch over the right-hand women (Fig. 4).
B2	1-16	The right-hand women and the men arch over the left-hand women (Fig. 5) and the men return between the women to meet partners (Fig. 6). The men turn single to place and the two women, passing right in front of him, change to their proper side, ending with all dancers facing diagonally stage left (Fig. 7).

3: The Waltzers (Jig if preferred)

A3	1-8	The threesomes lead around anticlockwise, ending in a circle, the first threesome with their backs to the top of the set (Fig. 8).
	9-12	Linked circle clockwise halfway around.
	13-16	Threesomes circle anticlockwise.
B3	1-4	Linked circle clockwise to place.
	5-8	Threesomes circle anticlockwise.
	9-16	Circle anticlockwise once around, end as Fig. 9.

'Ffair Castell Nedd – The Neath Fair'

Ffurf	Pedair uned o driawdau – dyn a merch bob ochr iddo
Alaw	Ril, neu os dymunir jig o Rhif 3 ymlaen (e.e. Môn neu Llancesau Trefaldwyn)

1. I'r Ffair a'r Cychod Siglo

A1	1-16	Arwain i'r llwyfan ar ffurf cylch gwrthgloc gan orffen gyda phedair rhes o driawdau yn wynebu pen yr uned.
B1	1-16	Triawdau yn symud bob yn ail i'r dde a'r chwith (Triawd 1 a 3 yn cychwyn i'r dde, 2 a 4 i'r chwith; dau far i bob symudiad) (Ffigwr 1). Bob yn ail â symud i'r dde neu'r chwith gellir camu yn yr unfan am 2 far.

2. Y Lindys

A2	1-16	Y merched ymlaen gan ogwyddo i'r dde tra bo'r dynion yn dilyn dyn 4 i waelod yr uned gan ogwyddo i'r dde (Ffigwr 2). Y merched yn gwneud bwa a'r dynion yn dawnsio dan y bwa, dyn 4 yn arwain (Ffigwr 3). Y merched chwith a'r dynion yn gwneud bwa dros y merched de (Ffigwr 4).
B2	1-16	Y merched dde a'r dynion yn gwneud bwa dros y merched chwith (Ffigwr 5) a'r dynion i ddychwelyd rhwng y ddwy res o ferched i gwrdd â'u cymheiriaid (Ffigwr 6). Y dynion yn troi'n sengl i'w lle a'r ddwy ferch yn pasio ysgwydd dde o'u blaen i newid i'w hochrau cywir gan orffen gyda phawb yn wynebu ymlaen (Ffigwr 7).

3. Y Waltser (Jig os mynnir)

A3	1-8	Triawdau yn arwain o amgylch gwrthgloc gan orffen mewn cylch. Y Triawd cyntaf gyda'u cefnau i ben yr uned (Ffigur 8).
	9-12	Cylch cydio dwylo gyda'r cloc, hanner ffordd o amgylch.
	13-16	Triawdau yn cylchu gwrthgloc.
B3	1-4	Cylch cydio dwylo gyda'r cloc yn ôl i'w lleoedd.
	5-8	Triawdau yn cylchu gwrthgloc.
	9-16	Cylch cydio dwylo gwrthgloc i'r lleoedd gwreiddiol gan orffen fel yn Ffigwr 9.

4: The Crowd

A 4	1-4	Left-hand women dance left-hand star once round, while each man and his right-hand partner step on the spot.
	5-8	Threesomes dance half a hey for three, starting with the man and left women passing right shoulders.
	9-12	Right-hand women dance a left-hand star once round, while each man and his left-hand partner step on the spot.
	13-16	Threesomes dance a half hey again.
B 4	1-2	Left-hand women dance half a right-hand star to cross over to the opposite threesomes, while each man and his right-hand partner dance a right-hand turn.
	3-4	Threesomes dance a half hey for three.
	5-6	Right-hand women dance half a right-hand star to cross to opposite threesome, while each man and the left-hand partner dance a right-hand turn.
	7-8	Threesomes dance half a hey for three (ending as in Fig. 10).
	9-16	Repeat B 1-8 to return to proper place but with the men's backs to the centre facing the women (Fig. 11).

5: The Carousel

A 5	1-2	Threesomes form a circle and step on the spot.
	3-8	Threesomes circle clockwise and all jump to the centre and out.
	9-10	Threesomes form a circle and step on the spot.
	11-16	Threesomes circle clockwise and all jump to the centre and out.
B 5	1-16	Men, in the centre, give an outstretched hand to each partner or every man holds a length of ribbon by its middle and the two women each hold an end in their left hand. All circle anticlockwise, starting slowly and then with increasing speed. First women, then second women, turn under their ribbon as they dance; alternatively, they may just raise and lower the ribbons as they dance. Finish as in Fig. 11.

4: Y Dyrfa

A4	1-4	Merched chwith yn dawnsio seren llaw chwith unwaith tra bo dyn a'i gymar dde yn camu yn yr unfan.
	5-8	Triawdau yn dawnsio hanner pleth i dri gan ddechrau gyda'r dyn a'r ferch chwith yn pasio'r ysgwydd dde.
	9-12	Merched dde yn dawnsio seren llaw chwith unwaith tra bo dyn a'i gymar chwith yn camu yn yr unfan.
	13-16	Triawdau yn dawnsio hanner pleth i dri eto.
B 4	1-2	Merched chwith yn dawnsio hanner seren llaw dde i groesi i'r triawd gyferbyn tra bo'r dyn a'i gymar dde yn troi llaw dde.
	3-4	Triawdau yn dawnsio hanner pleth i dri.
	5-6	Merched dde yn dawnsio hanner seren llaw dde i groesi i'r triawd gyferbyn tra bo'r dyn a'r ferch chwith yn troi llaw dde.
	7-8	Triawdau yn dawnsio hanner pleth i dri (gorffen fel yn Ffigwr 10).
	9-16	Ailadrodd B 1-8 i ddychwelyd i'r lleoedd cywir ond gyda'r dynion â'u cefnau at y canol (Ffigwr 11).

5: Y Carwsél

A 5	1-2	Triawdau yn ffurfio cylch ac yn stepio yn yr unfan.
	3-8	Triawdau yn cylchu gyda'r cloc a neidio i'r canol ac allan.
	9-10	Triawdau yn ffurfio cylch ac yn stepio yn yr unfan.
	11-16	Triawdau yn cylchu gyda'r cloc a neidio i'r canol ac allan.
B 5	1-16	Dynion yn y canol yn estyn allan eu dwylo a'r ddwy ferch yn cydio yn llaw eu cymar; *neu* pob dyn yn dal canol rhuban a'r ddwy ferch yn dal un i bob pen gyda'u llaw chwith. Cylchu gwrthgloc yn araf i gychwyn gyda'r merched yn troi bob yn ail dan eu rhuban, *neu'n* codi a gostwng y rhuban bob yn ail gan ddawnsio, yna cyflymu gyda'r merched yn byrhau'r rhuban. Gorffen yn y lleoedd gwreiddiol fel ar ddechrau y carwsél (Ffigwr 11).

6: The Dodgems

A6	1-16	Grand chain: men weave clockwise and the women, in pairs, weave anticlockwise between the men (start by passing right shoulders with their male co-partner and finish as in Fig. 11).
B6	1-2	Men dance a quarter right-hand star, while the women facing their co-partner and holding left hands set right and left.
	3-4	Men left-hand full star, with the next pair of women.
	5-6	Men dance a further quarter right-hand star, while the women set as before.
	7-8	Men left-hand full star with the next pair of women.
	9-10	Men quarter right-hand star as before while the women set.
	11-12	Men left-hand full star with the next pair of women.
	13-14	Men quarter right-hand star as before while the women set.
	15-16	Men left-hand full star with original pair of women.

7. Going Home

A7	1-4	Threesomes set right and left, all turn single to finish in a circle, facing the centre, man between the two women.
	5-8	All dance to the centre and out.
	9-16	Circle clockwise.
B7	1-8	Threesomes lead around anticlockwise, coming down the centre to greet the audience.
	9-12	Threesomes one and three set right and left and gallop to the right, while threesomes two and four set left and right and gallop to the left.
	13-16	Threesomes one and three set left and right, while threesomes two and four set right and left. All bow to audience.

6: Y Dojems

A6	1-16	Cadwyn fawr: dynion yn cylchu gyda'r cloc a'r merched, yn ddeuoedd yn gwau rhyngddynt gwrthgloc. Cychwyn drwy basio ysgwydd dde gyda'r cymar (gorffen fel yn Ffigwr 11).
B6	1-2	Dynion yn dawnsio chwarter seren llaw dde tra bo'r ddwy ferch, yn cydio llaw chwith ei gilydd, yn cyfarch de a chwith.
	3-4	Dynion seren llaw chwith gyda'r ddwy ferch newydd.
	5-6	Dynion chwarter seren llaw dde tra bo'r merched yn cyfarch.
	7-8	Dynion seren llaw chwith gyda'r merched newydd.
	9-10	Dynion chwarter seren llaw dde tra bo'r merched yn cyfarch.
	11-12	Dynion seren llaw chwith gyda'r merched newydd.
	13-14	Dynion chwarter seren llaw dde tra bo'r merched yn cyfarch.
	15-16	Dynion hanner seren llaw chwith gyda'u cymheiriaid a gorffen mewn cylch mawr (Ffigwr 8).

7. Mynd Adref

A7	1-4	Triawdau yn cyfarch i'r dde a'r chwith a phawb yn troi'n sengl i wynebu'r canol.
	5-8	Pawb yn dawnsio i'r canol ac allan.
	9-16	Cylchu gyda'r cloc.
B7	1-8	Y triawdau yn arwain o amgylch gwrthgloc gan ddod i lawr y canol i gyfarch y gynulleidfa.
	9-12	Triawdau 1 a 3 yn cyfarch i'r dde a'r chwith a charlamu i'r dde tra bo triawdau 2 a 4 yn cyfarch i'r chwith a'r dde a charlamu i'r chwith, gan ffurfio hanner cylch.
	13-16	Triawdau 1 a 3 yn cyfarch i'r chwith a'r dde tra bo triawdau 2 a 4 yn cyfarch i'r dde a'r chwith. Pawb yn cydnabod y gynulleidfa.

Nodyn: Enillodd y ddawns hon y wobr gyntaf yn Eisteddfod Genedlaethol Castell Nedd, 1994

X Dyn/ Man

L Merch chwith/ Left hand Woman

R Merch dde/ Right hand Woman

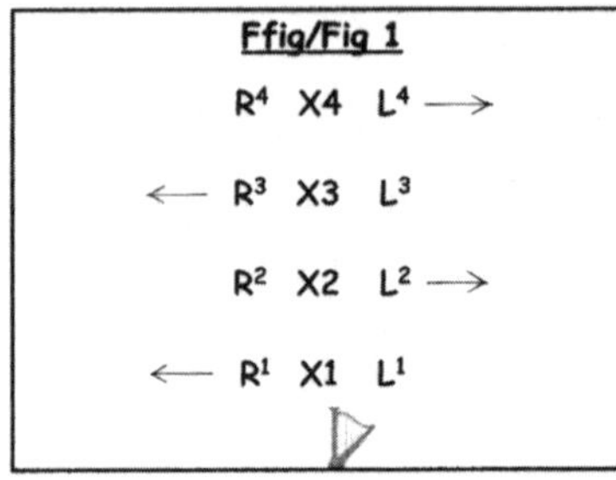

Ffig/Fig 1

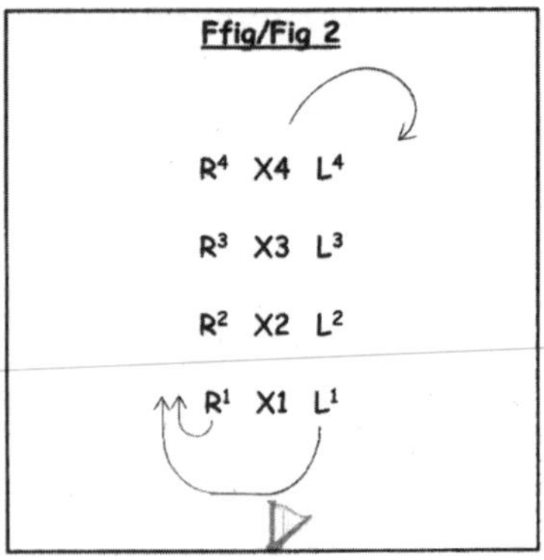

Ffig/Fig 2

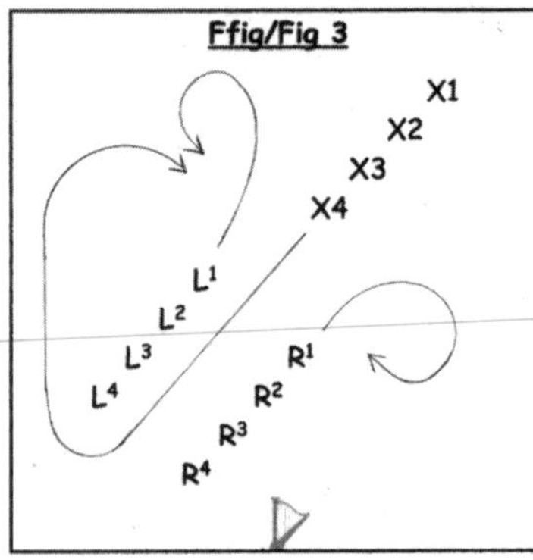

Ffig/Fig 3

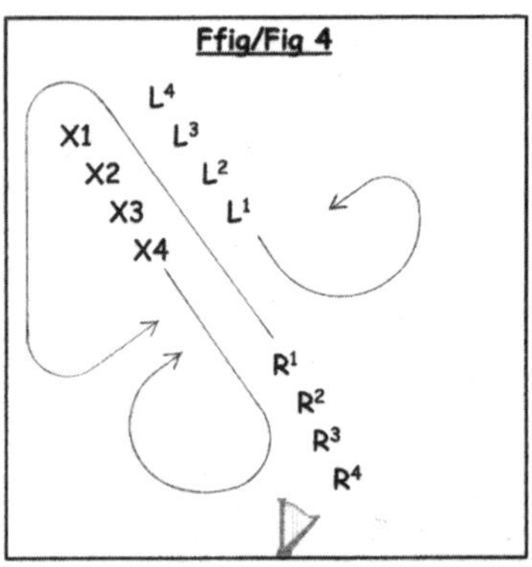

Ffig/Fig 4

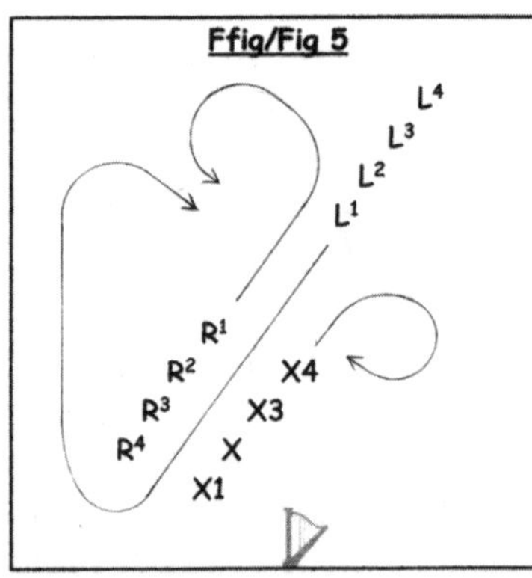

Ffig/Fig 5

Môn

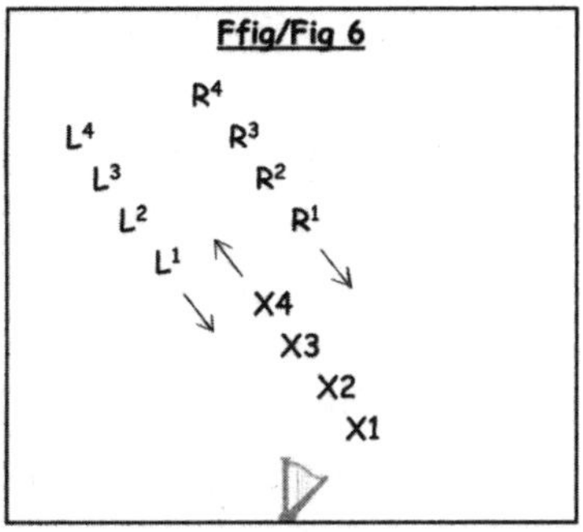

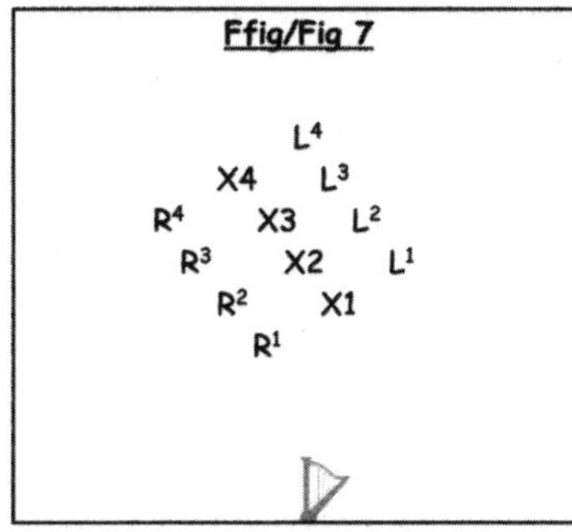

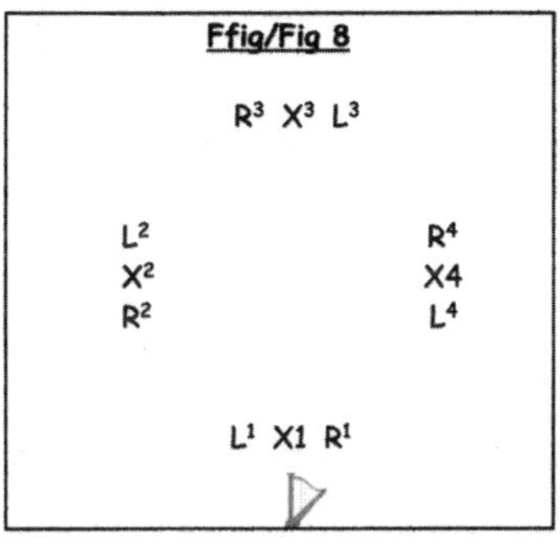

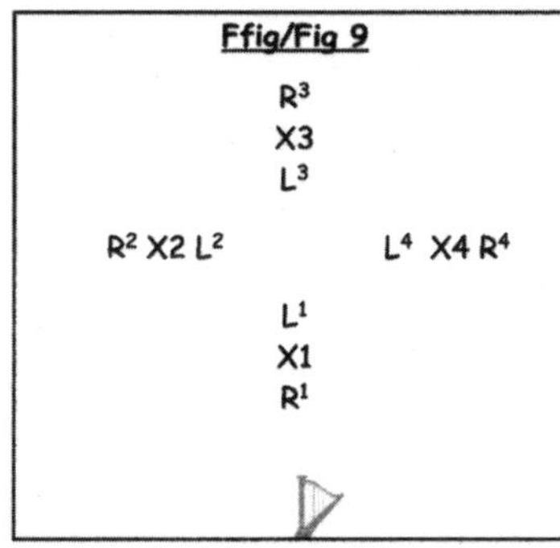

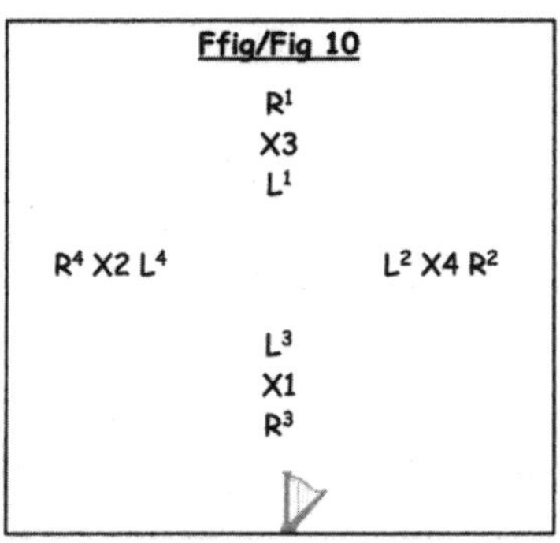

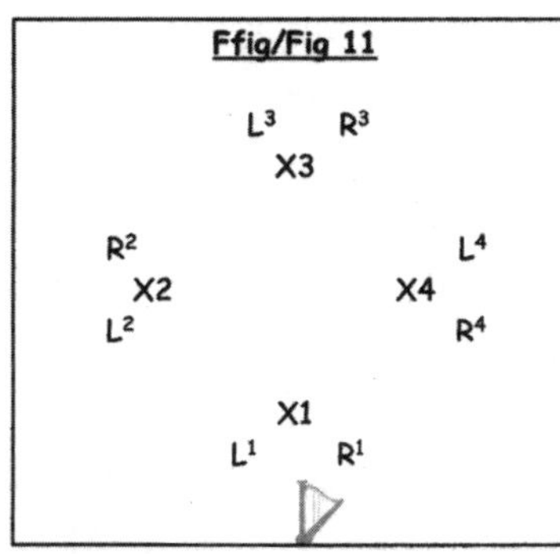

Llancesau Trefaldwyn

'Dr Foster's Jig – Jig Dr Foster' – one of my two 'Gloucester' dances

During our stay in Gloucester I joined the Gloucester Folk Dance Group and the Square Dance Group at Witcombe and Bentham Village Hall. Of course, John came with me to folk dance, as I went with him to ballroom. The Gloucester Folk Group was one of the original groups formed not long after the English Folk Dance Society was established in 1911. They are a charming and knowledgeable group of dancers whose repertoire includes Playford, English and Scottish Country Dances.

I was delighted to learn more about folk dances from different areas in Britain, having danced some of them in festivals, both at home and abroad when travelling with Welsh dance groups. My new Gloucester friends, in their turn, were keen to try out some traditional Welsh dances.

We had an excellent welcome from the club. The first night, when we poked our heads around the door, Betty Rout was teaching. At the end of the dance she came to talk to us and asked, 'Have you done any folk dancing?' 'A little,' I replied, somewhat nervous of what they might expect. This led to a very enjoyable association with the group, and during this time I composed two dances for them to contribute to their celebrations. The first dance, 'Dr Foster's Jig', was to celebrate the ninetieth anniversary of the Gloucester Folk Dance Group. I chose a duple minor form as they were fond of dancing these longways dances.

Included in the list of my compositions is the second dance, 'The Hucclecote Jig', composed to celebrate Betty Rout's ninetieth birthday. She was awarded the BEM both for her work in folk dance and community support – an astonishing lady.

Thank you, Gloucester Folk and Gloucester Country and Square Dance Group, for the wonderful dance evenings and the opportunities to listen to a series of excellent folk bands.

'Jig Dr Foster – Dr Foster's Jig' – un o ddwy ddawns 'Caerloyw'

Yn ystod ein cyfnod yng Nghaerloyw, ymunais â Grŵp Dawnsio Gwerin Caerloyw yn ogystal â'r clwb dawnsio sgwâr yn neuadd bentre Witcombe a Bentham. Wrth gwrs, daeth John gyda fi i ddawnsio gwerin, fel yr es i gydag e i'r dawnsio *ballroom*. Roedd Grŵp Dawnsio Gwerin Caerloyw yn un o'r grwpiau gwreiddiol hynny a ffurfiwyd yn fuan wedi sefydlu Cymdeithas Ddawns Werin Lloegr yn 1911. Maent yn grŵp o ddawnswyr gwybodus a dymunol iawn ac mae eu *repertoire* yn cynnwys dawnsiau Playford yn ogystal â dawnsiau gwerin Lloegr a'r Alban.

Roeddwn wrth fy modd yn dysgu mwy am ddawnsiau gwerin â chysylltiad ag ardaloedd gwahanol o Brydain – wedi dawnsio rhai ohonynt mewn gwyliau gwerin yn y wlad hon ac ar y cyfandir wrth deithio gyda grwpiau dawnsio o Gymru. Roedd fy ffrindiau newydd yng Nghaerloyw, yn eu tro, yn awyddus i drio rhai dawnsiau traddodiadol o Gymru.

Cawsom groeso ardderchog gan y grŵp. Y noson gyntaf i ni sbecian o gwmpas y drws, roedd Betty Rout yn hyfforddi. Ar ddiwedd y ddawns daeth hi atom i sgwrsio gan holi, 'Have you done any folk dancing?' 'Ychydig,' atebais, braidd yn bryderus o'r hyn y byddent, efallai, yn ei ddisgwyl. Arweiniodd y noson honno at gyfnod hapus iawn gyda'r grŵp hwn. Gymaint felly, fel i mi benderfynu cyfansoddi dwy ddawns fer ar eu cyfer, i gyfrannu at eu dathliadau. Cyfansoddais y ddawns gyntaf, 'Jig Dr Foster', i ddathlu pen-blwydd naw deg Grŵp Dawnsio Gwerin Caerloyw. Dewisais gyfansoddi dawns uned hir ddeubar gan fod y grŵp mor hoff o'r ffurf.

Yn y rhestr o'r dawnsiau a gyfansoddais rwy i wedi cynnwys yr ail ddawns, sef 'Jig Hucclecote', wedi ei chyfansoddi i ddathlu pen-blwydd naw deg Betty Rout. Roedd hi'n wraig ryfeddol a derbyniodd anrhydedd y BEM am ei gwaith diflino o ran hybu dawnsio gwerin yn ogystal â'i gwaith cymunedol sylweddol.

Diolch i Grŵp Dawnsio Gwerin a Sgwâr Caerloyw am y nosweithiau dawnsio gwych a'r cyfleoedd i wrando ar gyfresi o fandiau gwerin ardderchog.

'Dr Foster's Jig – Jig Dr Foster'

Notes: Written in June 2013 to celebrate the ninetieth anniversary of Gloucester Folk Dance Group

Form: Duple Minor Longways

Tunes: 48-bar Jig, 'The Cheltenham Busker', © Isaac J Williams.

A1	1-8	All set to partner and turn single. Man 1 back-to-back with woman 2.
A2	1-8	All set to partner and turn single. Woman 1 back-to-back with man 2.
B1	1-8	Man 1 hey with woman 1 and woman 2. Begin by passing right shoulder with woman 2.
B2	1-8	Woman 1 hey with man 1 and man 2. Begin passing left shoulder with man 2.
C1	1-8	Circle of four left (once or twice).
C2	1-8	Man 1 change places with woman 2. Woman 1 change places with man 2. Having moved on, partners turn half or one and a half in progressed places.

The Cheltenham Busker

© Isaac Williams

'Dr Foster's Jig – Jig Dr Foster'

Nodiadau:	Cyfansoddwyd ym Mehefin 2013 i ddathlu pen-blwydd naw deg Grŵp Dawnsio Gwerin Caerloyw
Ffurf:	Uned hir, ddeubar
Alaw:	Jig 48-bar 'The Cheltenham Busker', © Isaac J Williams

A1	1-8	Pawb yn cyfarch cymar dde a chwith a throi sengl. Dyn 1 gefngefn gyda merch 2.
A2	1-8	Pawb yn cyfarch cymar dde a chwith a throi sengl. Merch 1 gefngefn gyda dyn 2.
B1	1-8	Dyn 1 yn dawnsio pleth gyda merch 1 a merch 2 – dechrau drwy basio ysgwydd dde gyda merch 2.
B2	1-8	Merch 1 yn dawnsio pleth gyda dyn 1 a dyn 2 – dechrau drwy basio ysgwydd chwith gyda dyn 2.
C1	1-8	Cylch o bedwar i'r chwith (unwaith neu ddwywaith).
C2	1-8	Dyn 1 yn newid lle gyda merch 2. Merch 1 yn newid lle gyda dyn 2. Wedi symud ymlaen, cymheiriaid yn troi unwaith neu unwaith a hanner yn y safle newydd, esgynnol.

'The Square Mile – Y Filltir Sgwâr'

David Williams, or 'Dai Tawerin' as he is often referred to, danced with me in Parti Prifysgol Abertawe, Dawnswyr Tawe and Tawerin. Everyone loved Dai. Together with his wife Ann, he took a subtle mentoring and guiding role over the years, especially helping new members find their dancing feet. He loved travel and meeting dancers from other countries. He became a very talented dancer enjoying many different styles, but he especially loved the Welsh fair dances.

His other love was rugby and he was a keen supporter of the Scarlets. Dai would often talk about his home in Pontyates, recollecting how he explored his square mile as a youngster and later taking his dog for long walks by the river, having settled back into village life as a married man.

I chose to write a square dance as a tribute to Dai and I wanted the dancers to move around the square in different ways. I have included hints and figures from his favourite fair dances, 'Rali Twm Siôn' and 'Ceiliog y Rhedyn'.

The lovely tune 'The Square Mile' is a tribute from Eirlys Phillips, who started her dancing with Parti Prifysgol Abertawe and went on to co-teach with me at Tawerin, before forming Dawnswyr Talog with her husband Mansel. When I go to my Welsh-language lessons, and try to remember a word to use, it is always Dai's voice I hear in my head, rich and colloquial. To you Dai, our love and thanks – much missed by us all.

'Y Filltir Sgwâr – The Square Mile'

Roedd David Williams, neu 'Dai Tawerin' fel y cyfeirir ato'n aml, a minnau'n gyd-ddawnswyr ym Mharti Prifysgol Abertawe, Dawnswyr Tawe a Thawerin. Roedd pawb yn caru Dai. Gyda'i wraig, Ann, cymerodd rôl mentora a chynghori tawel dros y blynyddoedd, gan gynorthwyo aelodau newydd yn enwedig i ddod o hyd i'w 'traed' dawnsio. Roedd wrth ei fod yn teithio a chyfarfod â dawnswyr o wledydd eraill. Tyfodd yn ddawnsiwr talentog iawn gan fwynhau nifer o arddulliau dawns gwahanol, ond roedd yn arbennig o hoff o'r dawnsiau ffair. Roedd yn arweinydd ysgogol a chefnogol.

Ei gariad arall oedd rygbi ac roedd yn gefnogwr brwd i'r Scarlets. Byddai Dai'n aml yn siarad am ei gartref ym Mhont-iets, yn archwilio ei filltir sgwâr pan oedd yn fachgen ifanc ac, yn ddiweddarach, yn mynd â'i gi am dro ar lan yr afon, wedi ail-ymgartrefu yn y pentref gydag Ann.

Dewisiais gyfansoddi dawns ar ffurf sgwâr fel teyrnged i Dai ac roeddwn am i'r dawnswyr symud o gwmpas y sgwâr mewn ffyrdd gwahanol. Rwy i wedi cynnwys awgrymiadau a ffigyrau o rai o hoff ddawnsiau ffair Dai, sef 'Rali Twm Siôn' a 'Cheiliog y Rhedyn'.

Mae'r alaw hyfryd 'Y Filltir Sgwâr' yn deyrnged gan Eirlys Phillips a ddechreuodd ddawnsio gyda Pharti Prifysgol Abertawe gan symud ymlaen i gyd-hyfforddi Tawerin gyda fi cyn ffurfio Dawnswyr Talog, gyda'i gŵr Mansel. Pan oeddwn yn mynd i'm gwersi Cymraeg a'i chael hi'n anodd cofio pa air i'w ddefnyddio, llais Dai fyddaf yn ei glywed yn fy mhen a hwnnw bob tro yn fy atgoffa o'r gair addas a'i ynganiad. I ti Dai, rhown ein cariad a'n diolch – mawr yw'r golled i ni i gyd ar dy ôl.

'The Square Mile – Y Filltir Sgwâr'

Notes:	The dance depicts Dai Williams and his friends exploring the local area around Pontyates.
Form:	Square set
Tunes:	'Y Filltir Sgwâr', Eirlys Phillips Jig, 4x48 bar

Part 1: 'The Square Mile – Y Filltir Sgwâr', Dai socialising with his friends

A1	1-8	All to centre and back, circle left halfway.
A2	1-8	All to centre and back, complete the circle.
B1	1-8	Head couples set forward, twice, to meet and then circle clockwise once around.
B2	1-8	Side couples set and circle.
C1 and C2	1-16	Grand chain, starting with right hand to partner, all the way around (dancers may spin/turn partner halfway and at end).

Part 2: Dai and friends exploring the area

A1	1-8	Head couples pull across, turn two hands and pull back, step for 2 bars; side couples step 2 bars, pull across, turn two hands and pull back.
A2	1-8	All to centre, set or step on the spot, all cast single right shoulder, then move clockwise to finish as a couple at the nearest corner.
B1	1-8	Head couples slip-step or bridge across the diagonal and back. Side couples wait 2 bars; slip-step or bridge across the diagonal and back.
B2	1-8	All to centre, set or step on the spot, cast left shoulder to return to place.
C1	1-8	Open circle clockwise.
C2	1-8	Promenade around the set (cuddle hold) for six bars, then swing partner once around in original positions.

'The Square Mile – Y Filltir Sgwâr'

Nodiadau:	Mae'r ddawns yn cyfleu Dai Williams a'i ffrindiau yn crwydro'r ardal leol o gwmpas Pont-iets.
Ffurf:	Uned sgwâr.
Alaw:	'Y Filltir Sgwâr', Eirlys Phillips, Jig, 4x48 bar

Rhan 1: 'Y Filltir Sgwâr – The Sqaure Mile', Dai yn cymdeithasu gyda'i ffrindiau

A1	1-8	Pawb i'r canol ac yn ôl, cylchu i'r chwith gyda'r cloc, hanner ffordd.
A2		Pawb i'r canol ac yn ôl, cwblhau'r cylch.
B1	1-8	Cyplau pen yn cyfarch ymlaen ddwywaith i gyfarfod ac yna cylchu gyda'r cloc, unwaith, o amgylch.
B2	1-8	Cyplau ochr yn cyfarch a chylchu.
C1 a C2	1-16	Cadwyn, gan ddechrau gyda llaw dde i'r cymar, yr holl ffordd o amgylch (gall y dawnswyr droelli/troi gyda'u cymar hanner ffordd ac ar y diwedd).

Rhan 2: Dai a'i ffrindiau'n anturio o gylch yr ardal

A1	1-8	Cyplau pen yn tynnu ar draws, troi dwy law, tynnu yn ôl a stepio am ddau far; y cyplau ar yr ochr yn stepio am ddau far, tynnu ar draws, troi dwy law a thynnu yn ôl.
A2	1-8	Pawb i'r canol, cyfarch neu stepio yn yr unfan, pawb yn troi allan ysgwydd dde a symud gyda'r cloc, gan orffen, fel cyplau, yn y gornel agosaf.
B1	1-8	Cyplau pen yn llithro neu bontio, ar draws y groeslin, ac yn ôl. Cyplau ochr yn aros am ddau far cyn llithro neu bontio ar draws y groeslin ac yn ôl.
B2	1-8	Pawb i'r canol, cyfarch neu stepio yn yr unfan, troi allan, gan ddilyn ysgwydd chwith, a dychwelyd i'w safle.
C1	1-8	Cylch agored gyda'r cloc.
C2	1-8	Promenâd o gwmpas yr uned (gafaeliad cofleidiol) am chwech bar, yna'n troi'r cymar unwaith o amgylch yn eu safleoedd gwreiddiol.

Section 3: The friends flirting and beginning to form relationships

A1	1-8	Double star, men left hands, with partner holding their right hand, halfway around. Women cast back to place, passing one man and joining up with the next (i.e. woman 1 with man 3 etc.), while men circle anticlockwise once around in the centre; or step on the spot.
A2	1-8	Men with their new partner complete the star, circle or step as before, while women cast back once again to meet their partner in original places.
B1	1-8	Partners gypsy right, then slip-step to the centre and back to position.
B2	1-8	Continue to slip-step away from centre and back to position, spin partner.
C1	1-8	Women right-hand star halfway, then turn left hand with opposite man, complete the star and turn left hand with partner.
C2	1-8	Women circle anticlockwise on outside, while men right-hand star on the inside.

Section 4: Lasting partnerships

A1	1-8	All to centre and back, circle clockwise halfway.
A2	1-8	All to centre and back, complete the circle.
B1 & 2	1-16	Grand chain, starting with right hand to partner, all the way around (dancers may spin/turn partner halfway and at end).
C1 & 2	1-16	Partners polka around the square, pausing on each side for two bars (own choice of movement here). All returning to their original places.

Y Filltir Sgwâr

Eirlys

Rhan 3: Ffrindiau'n fflyrtio ac yn dechrau ffurfio perthnasau

A1	1-8	Seren ddwbl, dynion llaw chwith gyda'r cymar yn dal y llaw dde, hanner ffordd o gwmpas. Merched yn troi allan ac yn ôl i'w lle gan fynd heibio un dyn ac ymuno gyda'r nesaf (h.y. merch 1 gyda dyn 3 ayyb), tra bod y dynion yn cylchu unwaith gwrthgloc yn y canol neu stepio yn yr unfan.
A2	1-8	Y dynion, gyda'r cymar newydd, yn cwblhau'r seren, cylchu neu stepio fel ag o'r blaen, tra bod y merched yn troi allan ac yn ôl unwaith eto i gyfarfod eu cymar yn eu safle gwreiddiol.
B1	1-8	Cymheiriaid sipsi dde, llithro i'r canol ac yn ôl i'w safle.
B2	1-8	Parhau i lithro i ffwrdd o'r canol ac yn ôl i'w safle, yna troelli gyda'r cymar.
C1	1-8	Merched seren llaw dde, hanner ffordd, yna troi llaw chwith gyda'r dyn gyferbyn, cwblhau'r seren a throi llaw chwith gyda'r cymar.
C2	1-8	Merched yn cylchu gwrthgloc ar y tu allan tra bod y dynion yn dawnsio seren llaw dde ar y tu mewn.

Rhan 4: Partneriaethau parhaus

A1	1-8	Pawb i'r canol ac yn ôl, cylchu gyda'r cloc hanner ffordd.
A2	1-8	Pawb i'r canol ac yn ôl, cwblhau'r cylch.
B1 a 2	1-16	Cadwyn, gan ddechrau gyda llaw dde i'r cymar, yr holl ffordd o amgylch (gall y dawnswyr droelli/troi gyda'u cymar hanner ffordd ac ar y diwedd).
C1 a 2	1-16	Cymheiriaid yn dawnsio polca o gwmpas y sgwâr gan aros am ddau far ar bob ochr (cewch ddewis eich symudiad eich hun yn y fan hon). Pawb yn gorffen yn eu safloedd gwreiddiol.

Endnotes / Ôl-nodiadau

1 Williams, Alice E, *A Welsh Folk Dancing Handbook*, p.5, WFDS, 1985.

2 *Three Nantgarw Dances*, p.3, Gwynn Publishing Co., Llangollen, 1954. Also *Nantgarw Fair Dances*, WFDS, 2001.

3 Blake, Felicity, 'Löis Blake, 1890–1974', *Dawns 1974/75*, p.7.

4 Jones, Eddie, 'Working at Llanofer Hall for a year', *Dawns 2001*, p.15.

5 Hunter, Eiry, 'In Olden Days – Dancing in the Vale', *Dawns 2014/15*, p.68.

6 Mellor, Hugh, *Welsh Folk Dances*, Novello and Co., 1935.

7 Williams, Gwynn WS, *Welsh National Music and Dance*, Hughes and Son, Wrexham, 1933.

8 Jones, Eddie, *William Jones, Llangadfan*, WFDS, 1997. Also, 'William Jones, Dôl Hywel, Llangadfan, 1726–1795', *Dawns 2006*, p.42.

9 Jones, Edward, *Musical and poetical relics of the Welsh Bards*, National Library of Wales, 1554626.

10 Gwyndaf, Robin, 'Löis Blake, a pioneer of folk dancing in Wales', Dawns 2014/15, p.36.

11 Jones, Glyn T, 'Gwennant Gillespie', *Dawns 2013*, p.22.

12 Williams, Alice E, 'Tribute to Gwennant Gillespie', *Dawns 2010*, p.4.

13 Williams. Alice E, *A Welsh Folk Dancing Handbook*, WFDS, 1985.

14 Mellor, Hugh, *Welsh Folk Dances*, Novello and Co., 1935.

15 *Llanofer Dances*, WFDS, 1999.

16 Williams, Gwynn WS, *Nantgarw Fair Dances*, Gwynn Publishing Co., 1954. Also *Nantgarw Fair Dances*, WFDS, 2001.

17 Thomas, Dr Ceinwen, 'Inaugural Address of the Easter Course', *Dawns 1973/74*, p.10. Also, 'Catherine Magretta Thomas', *Dawns 1997/98*, p.5.

18 *Three Nantgarw Dances*, Gwynn Publishing Company, 1954.

19 Williams-Roberts, Mavis E, 'Margretta at the Gardens', *Dawns 2005*, p.45.

20 Ffair Caerffili and other dances from Nantgarw, WFDS, 1960.

21 Goodrich, Brenda, Pat Shaw, his life through memories of his friends, his music, dances and songs, Nicolas Broadbridge, 2010.

22 Shaw, Pat, *New Wine in Old Bottles*, p.1, Nicolas Broadbridge.

23 *The Llangadfan Dances*, 2nd edition, Gwynn Publishing Co., 1954.

24 Shaw, Pat, *Quartet*, Nicolas Broadbridge, 1970.

25 Goodridge, Brenda, Pat Shaw, his life through memories of his friends, his music, dances and songs, Nicolas Broadbridge, 1970.

26 Blake, Felicity, 'Löis Blake, 1890–1974', *Dawns 1974/75*, p.7.

27 Williams, Alice E, *A Welsh Folk Dancing Handbook*, WFDS, 1985.

28 Blake, Löis, *Traditional Dance and Customs in Wales*, Gwynn Publishing Co., 1972. Republished bilingually, WFDS, 2005.

29 Jones, Dr John Idris, 'Owen Huw Roberts 1931–2018', *Dawns 2019–20*.

30 Tanner, Phil: https://www.youtube.com/watch?v=xqCxKtHr778 https://www.youtube.com/watch?v=3vEDOEPbXi4

31 Kotiyan, Narenda, *Fifty Glorious Weeks 1947–1996*, Llangollen International Musical Eisteddfod, p.37.

32 Shaw, Pat, *Quartet*, Nicolas Broadbridge, 1970.

33 Thomas, Dr Ceinwen, 'Inaugural Address of the Easter Course', *Dawns 1973/74*, p.10. Also, 'Catherine Magretta Thomas', *Dawns 1997/98*, p.5.

34 Shaw, Pat, *Quartet*, Nicolas Broadbridge, 1970.

35 Williams-Roberts, Mavis E, *Mave's Welsh Folk Dances*, 2024.

Appendix I / Atodiad I

Significant dates and publications / Dyddiadau a chyhoeddiadau arwyddocal

1930 Löis Blake moved to Llangwm.

1933 Welsh National Music and Dance, by WS Gwynn Williams.

1938 *Welsh Morris and other Country Dances*, by Löis Blake and WS Gwynn Williams.

1944 *Llanover Welsh Reel*, by WS Gwynn Williams.

1948 *Welsh Folk Dance*, by Löis Blake.

1948 *Welch Whim*, five dances from *Walsh's Compleat Country Dancing-Master*, 1719, edited and arranged by Löis Blake and WS Gwynn Williams.

1949 Inauguration of the Welsh Folk Dance Society (WFDS). First President Löis Blake.

1950 'Meillionen' and 'The Three Sheepskins', two dances from Walsh, 1718 and 1735, edited and arranged by Löis Blake and WS Gwynn Williams.

1954 *Welsh Folk Dance and Costume*. Revised edition by Löis Blake.

1954 *The Llangadfan Dances*, edited and arranged by Löis Blake and WS Gwynn Williams.

1954 'Three Nantgarw Dances', music arranged by WS Gwynn Williams.

1960 *Ffair Caerffili and other dances from Nantgarw*, recollected by Margretta Thomas and compiled by Löis Blake, Pat Shaw and Eddie Jones. The first bilingual publication by the Welsh Folk Dance Society. Edited by Gwyn Williams, Bangor.

1960s During the 1960s and 1970s the WFDS published bilingually, in leaflet form, many more dances. Some new and some refreshed from the originals.

1974 Publication, in full, of the dance recollections of Margretta Thomas, *Dawns 1973/74*, WFDS.

1981 Gŵyl Plant Gwent – Gwerinwyr Gwent started this festival of Welsh folk dance for children in 1981.

1987 *Twmpath Dawns*, Eddie Jones.

1992 *Blodau'r Grug*, Welsh dance tunes selected and arranged by Alex Hamilton, WFDS.

1993 *Cadw Twmpath*, Welsh dance tunes, WFDS.

1994 *Y Mân-Dlysau Cymreig, The Cambrian Trifles*, by W Burton Hart, 1812. Edited by Robin Huw Bowen, WFDS.

1999 *Dawnsiau Llanofer/Llanofer Dances* and *Dawnsiau yr Ugeinfed Ganrif/Twentieth-Century Dances*, WFDS.

1999 Fiftieth anniversary of the WFDS. A celebration in and around Llangollen.

2000 *Hen a Newydd/Something Old, Something New*, a collection of dances by Pat Shaw, WFDS.

2000 A day of Welsh Folk Dance at the National Botanic Garden of Wales, to celebrate the opening of the garden. This was to be the first of many more.

2000 Dance books for schools: *Dewch i Ganu a dawnsio/Come sing and dance*, Eddie Jones, WFDS. *Hwyl y Ddawns Werin/Fun of the Folk Dance*, Eddie Jones, WFDS. *Siawns i Ddawnsio/Chance to Dance*, produced by Dr Prydwen Elfed-Owen.

2001 *Dawnsiau Ffair Nantgarw/Nantgarw Fair Dances*, WFDS.

2001 *Tair o Fôn/Three from Anglesey*, Eddie Jones, WFDS.

2002 *Dawnsiau Bardd y Brenin/Dances of the King's Harper*, *c.*1785, John Mosedale, WFDS.

2003 *Dawnsiau Traddodiadol/Traditional Dances*, a collection of dances from the seventeenth and eighteenth centuries, WFDS.

2005 *Dawnsiwn Ymlaen/Dance On*, a collection of dances by Eddie Jones, WFDS.

2005 *Dawnsiau Thomas Jones/Thomas Jones' Dances*, 1788 and 1799. Prepared by Eddie Jones and John Mosedale, WFDS.

2006 *Dawnsfeydd ac Arferion Traddodiadol yng Nghymru/Traditional Dance and Customs in Wales*, by Löis Blake. Republished bilingually by the WFDS.

2007 *Dawnsio yn y Gymuned/Dancing in the Community*, Eddie Jones, WFDS.

2009 Sixtieth anniversary of the WFDS. A celebration in and around Cardigan.

2017 A year of commemorative events throughout Wales to celebrate the birth of Patrick Shuldam Shaw.

2019 Seventieth anniversary of the WFDS. A year-long celebration across Wales. Fortunately, the year before Lockdown.

2023 *Llwybrau'r Ddawns*, Alice E Williams and Eiry Palfrey, Gwasg Carreg Gwalch.

Appendix II / Atodiad II

A VARIETY OF FOLK-DANCE TUNES
NOTES FOR DANCERS & MUSICIANS

by "M.J."

WALTZES: Any tune in 3/4 time, however, waltzes can vary in style from Music Hall songs like "Daisy Daisy" which have very few notes in a bar eg ‖ 3/4 𝅗𝅥. | 𝅗𝅥. | 𝅗𝅥. | 𝅗𝅥. ‖ to complex welsh waltzes like "Ffarwel Marian" which have six quavers in many of the bars eg. ‖ 3/4 ♫ ♫ ♫ | ♩ 𝅗𝅥 | etc

A complex waltz could be used for a stepping dance, (There are traditional Lancashire clog waltz-steps), but simpler waltzes are better kept for simple Twmpath-dances.

JIGS: Tunes in 6/8 time. It is usual to divide jigs into two main types: Single Jigs, where the dominant rythym is ‖ 6/8 ♩ ♪ ♩ ♪ | and there are two main accents per bar. Typical Single Jigs include Ceiliog y Rhedyn, + Blaydon Races. Double Jigs usually have more notes, the dominant rythm is ‖ 6/8 ♪♪♪ ♪♪♪ | and there is only one main accent per bar. Examples of Double Jigs are Pont Carodor + The Irish Washerwoman.

Single Jigs are usually played at a fast tempo, and are used for dances with simple stepping. Because of the extra notes, Double Jigs are usually played slightly slower, and therefore they can be used for more complex stepping, shuffle steps, Rapper-sword-dancing, etc.

SLIP-JIGS are in 9/8 time ‖ 9/8 ♩ ♪ ♩ ♪ ♩ ♪ ‖ or ‖ 9/8 ♪♪♪ ♪♪♪ ♪♪♪ ‖ There is not such a clear distinction between Single + Double slip-jigs. Examples include Hoffed ap Hywel + Mopsi Don which have a lot of notes per bar and suit stepping dances. Sir Roger de de Coverly + Drops of Brandy are simpler, and suit simpler dances.

<u>REELS</u> are tunes in 2/4 or 4/4 or ¢ (common) time; which are played in a <u>smooth and flowing</u> manner, and without accenting any notes <u>too</u> heavily. Reels can also be divided into Single reels and Double reels, depending on the no. of notes in a bar.

<u>Single reels</u>  or  eg Pwt ar y Bys, Jimmy Allen.

<u>Double reels</u>  eg Llanthony Abbey, Mason's Apron.

However, there are many other types of dance tune in 2/4, 4/4, or ¢ times, which are distinguished from reels mainly by the way in which they are played.

<u>Marches</u> are tunes with 2 {accents / beats} in a bar, played at a Marching-pace. The accents coincide with the steps: <u>left</u>, <u>right</u>.... Marches can be in 2/4, 4/4, ¢, or 6/8 (You can even turn some waltzes into marches if you try!)

<u>Polkas</u> are Single reels played "<u>bouncily</u>" rather than smoothly. "Mae rhw'n dwedyd" can be used as either a reel or a polka.

<u>Rants</u> are similar to Double reels, but are played with a <u>very heavy accent on the first beat of the bar</u> which coincides with a stamp or tap of the leading foot of the dancer. Rants are also played much less smoothly than reels, although the difference is more an uneven accent rather than an uneven timing (see Hornpipes).

There can also be a subtle difference in the melody line between reels and rants. Because a Reel is a flowing tune, the melody often flows in runs of notes: 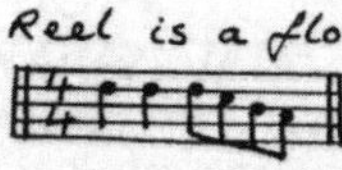 in Llanofer reel, or the long flowing runs in the second part of Llanthony Abbey. A rant, with its uneven phrasing, would normally have less runs, and more jumpy-arpeggios: 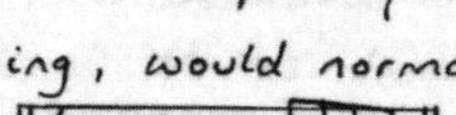, from Soldier's Joy.

However, the important distinction is how the tune is played, not what it looks like on paper, and many tunes can be played as either Reels or Rants. (Be careful. Switching styles is untraditional, and leads to the musician blurring the differences. If you learn a tune as a Rant, don't use it for a Reel.)

SPEEDS of DANCE TUNES

The different types of dances use a variety of different speeds. The easiest way to get the speed right is to imagine you are performing the appropriate dance step, and check by watching the dancers. If they have trouble keeping their balance or timing, then speed up. If they seem to have trouble moving their legs fast enough, and the dance looks rather frantic, then slow down!

The normal dance speeds are as follows:

Single jigs : a fast gallop or skipping speed
Double jigs : a controlled gallop or skipping speed, or a "comfortable-shuffle-step"
Slip jigs : as for single or double jigs, depending on the dance. If a running-step is used, play faster than a normal single jig.
Waltzes : Waltz-speed!
Single Reels : a lively walking-pace or fast reel-step
Double Reels : a sedate walking-pace or slower reel-step
Marches : a Marching pace (not light infantry at the double!)
Polkas : a comfortable pivoting polka, or medium reel-step
Rants : a sedate walking-pace or rant-step
Hornpipes : a very slow step-hop
Schottisches : slightly faster, but still a slow step-hop.
Others : for rarer dance forms you'll have to watch the dancers very carefully. If in doubt, slow down.

Experienced dancers usually dance much slower than beginners, and unusual types of tunes will be used only by experienced or highly specialised dancers. Morris dances are performed extremely slowly by social-dance-standards, to give the dancers time for very high jumps in the stepping. Slow down until the dancers find it too slow, then speed up just a little. Any other dance with jumps or leaps in the stepping should also be performed very slowly. For example Ffair Caerfili, or Dawns y Pelau. "Court-dances" are dignified, but not always slow.

HORNPIPES The definition of a hornpipe seems to vary, depending on which part of the British Isles the tune comes from, but in most parts of Ireland, Wales, or England, a Hornpipe is similar to a Double-Reel or Rant, played "with dots" and at a slow tempo. ‖ 4/4 ♩.♪ ♩.♪ ♩.♪ ♩.♪ ‖ It is also fairly common to ornament the rythm by substituting some ♩.♪ pairs with ♪♪♪ (3) triplets. Hornpipes are used for some of the most complex dance-steps, because of their slow and complex rythm.

When a hornpipe is written down, it is common to omit the dots and the semi-quaver-tails (♩.♪ becomes ♪♪) because it is assumed that the musician will know from the title of the tune, or some other clue, that the melody should be played "with dots". Unfortunately, not all musicians are telepathic, and music publishers sometimes publish hornpipes next-door-to-reels, so a number of Hornpipes accidentally turn into reels, and vice-versa!!

In Scotland, and less commonly elsewhere, hornpipes are sometimes played without dots. The main difference between a dot-less hornpipe and a reel is the speed, though some musicians play dot-less hornpipes with 4 strong accents in a bar. This can sound like a faint hint of dots. eg "Thady you Gander"

SCHOTTISCHES are like hornpipes with dots, but with fewer notes per bar, no triplets, and usually played slightly faster than Hornpipes. ‖ 4/4 ♩ ♩ ♩ ♩.♪ | ♩.♪ ♩.♪ ♩ ♩ ‖ Like hornpipes, Schottisches sometimes suffer from publication without their dots. Examples include "Penny on the Water" and "Hydfrydwch Y Brenin Sior" used for Dawns y Pelau (published dot-less, but sounds better played as a Schottische.)

OTHERS There are other dance-forms such as Slip-hornpipes or extended reels in 12/8 time. No hard and fast rules apply The best known reel in 12/8 is "The Roaring Hornpipe"

Acknowledgements

I WOULD LIKE to thank all the staff at Y Lolfa for their interest and generous help in publishing my recollections.

Grateful thanks also to my friend and fellow dancer, T Anne Morris, for the Welsh translation and continuous support.

A big thank you also to Eirlys Phillips, another friend and fellow dancer, for her work in preparing the traditional tunes, and to both Eirlys and my grandson, Isaac, for composing, respectively, the tunes 'Y Filltir Sgwâr' and 'The Cheltenham Busker'.

I could not have managed to get this book written and to print without the editorial and photographic help of my husband John.

Also thank you to Alan Maxwell for his photographs and to Ieuan Williams for his assistance.

Lastly, I would like to thank the Welsh Folk Dance Society for permission to republish two of my dances and the photographs reproduced here.

Diolchiadau

HOFFWN DDIOLCH I holl staff Y Lolfa am eu diddordeb a'u cymorth hael wrth gyhoeddi fy atgofion.

Diolch yn fawr hefyd i fy ffrind a chyd-ddawnswraig, T Anne Morris, am y cyfieithiad Cymraeg a'i chefnogaeth barhaus.

Diolch yn fawr hefyd i Eirlys Phillips, ffrind a chyd-ddawnswraig arall, am ei gwaith yn paratoi'r alawon traddodiadol, ac i Eirlys, a'm hŵyr, Isaac, am gyfansoddi, yn ôl eu trefn, yr alawon 'Y Filltir Sgwâr' a 'The Cheltenham Busker'.

Ni allwn fod wedi llwyddo i gael y llyfr hwn wedi'i ysgrifennu a'i argraffu heb gymorth golygyddol a ffotograffig fy ngŵr John.

Diolch hefyd i Alan Maxwell am ei luniau ac i Ieuan Williams am ei gymorth.

Yn olaf, hoffwn ddiolch i Gymdeithas Ddawns Werin Cymru am ganiatâd i ailgyhoeddi dwy o'm dawnsiau a'r ffotograffau a atgynhyrchir yma.

Hefyd o'r Lolfa:

DAWNSIE TWMPATH
WELSH BARN DANCE

gol./*ed.* EDDIE JONES

55 o ddawnsiau cymdeithasol
social dances

y Lolfa

DWYIEITHOG / BILINGUAL

£8.95

Holwch am bris argraffu!
www.ylolfa.com